小さな会社のための

新しい退職金・企業年金入門

山崎俊輔

会社の負担が減って、社員のやる気も出る仕組み

ダイヤモンド社

はじめに

本書は、社長をはじめとした企業経営者、人事部長等の役員クラスが、自分の会社の退職金・企業年金制度を見直すための「最初の一冊」となることを目指した本です。

実は退職金・企業年金制度ほど、経営者が知っておくべき制度でありながら、ほとんど無関心のまま放置されているものはありません。中小企業の場合、社長が「本業における社内一番のプロフェッショナル」ということが多いのですが、「人事制度のすべてに責任を負うプロフェッショナル」とはいかないことがほとんどです。

中小企業の場合、人事制度に精通した人材を置くことはなかなかできません。金融機関に言われるがままに退職金制度を設計していたり、先代社長の制度が何十年もそのままに放置されている会社が見受けられます。

しかし、退職金・企業年金制度の放置が本業と無関係のところで、会社に悪影響を及ぼす可能性があったとしたらどうでしょうか。最悪の場合、本業は好調であるのに退職金支払いの資金繰りに窮して赤字転落、ひいては退職金倒産、ということもありえるのです。

本書は「退職金・企業年金制度の新しい教科書」となることを目指して執筆しています。２０００年以降、退職金・企業年金制度の改廃が続く時期でしたが、時代に合ったテキストがないからです。

本書の読者として想定するのは、以下のような方々です。

○退職金・企業年金の制度改革を考えている経営者、人事担当者

金融機関のセールストークを聞く前に「何ができるのか」を知り、最新の選択肢をしっかり見極め、自分たちのやりたい制度改革ができるような知識を提供します。

○先代から会社を引き継いだ若手社長

本業での引き継ぎが落ち着いてきたとき、先代社長が作った旧制度を、新しい時代に合った制度にうまく改革する方法をアドバイスします。

○最近の退職金・企業年金の制度を知りたいと思っている人

新しく退職金制度を作る、または新しい制度に移行したいと考えているケースにおいて、どのような制度を使えば、退職者だけでなく、現役社員も喜ぶのか、といったことまで解説します。ベンチャー企業の退職金の作り方もお教えします。

もちろん、銀行員や士業をしていて中小企業の経営者から退職金・企業年金制度の質問を受けるような人のハンドブックにもなると思います。ファイナンシャルプランナーも資格試験の勉強だけではわからない部分を学べるのではないでしょうか。

折よく、２０１６年５月に確定拠出年金法の大改正が行われました。企業年金制度の今後の活用術にも影響する項目が含まれており、本書ではそうした情報にも対応しています。

それでは、あなたの会社の退職金・企業年金制度の今後のあり方を考えていきましょう。きっと課題があり、きっとその解決の方策があるはずです。

２０１７年１月吉日

山崎俊輔

『小さな会社のための新しい退職金・企業年金入門』
会社の負担が減って、社員のやる気が出る仕組み

目次

第3章

第4章

今ある退職金、企業年金制度をよりよく見直すアプローチ……109

第5章

中小企業こそ、確定拠出年金を賢く使おう

第6章
起業者必見！ベンチャーは退職金制度を作らずいきなり確定拠出年金を使え

第1章

課題がわかる！退職金&企業年金の大きなカン違い

クイズでわかる！
退職金と企業年金の基礎知識

退職金と企業年金制度の新しい活用法を考えていくうえで、最初のトレーニングとしてクイズをしてもらおうと思います。わからない場合は直感でいいので答えてみてください。ぱっと見ると問題は簡単なようですが、答えを見てみたら「あれ、そうなの？」と意外さを感じるものもいくつかあるはずです。気になったところから、解説や本文を読み進めていきましょう。それでは、以下の８の項目が、〇か×かを考えてみてください。

Q1 退職金を払うのは会社の義務ではない

A 〇（退職金制度がない会社もある）

退職金制度がある会社にとって、その制度の存在は当たり前に思えるかもしれません。

しかし、実は、**会社にとって退職金の設置義務はありません。**

会社を創業後、成長軌道に乗り始め社員が増えてきたとき、通常は、就業規則を作って労働基準監督署に届けることになります。このときに賃金規定や雇用、退職の条件等を必ず定めなければなりません。しかし、退職金については就業規則に書かなくてもＯＫなのです。ベンチャー企業が起ち上がったばかりのときに、退職金制度を作って支払う義務はないわけです。

また、企業規模が大きい場合は退職金を設定する、という義務もありません。ですから、もし、退職金制度が不要だと思ったら、それを作らないまま会社を大きくすることもできます。

しかし、会社が社員とのあいだで退職金の支払いをルール化した場合、これは会社にとっては社員と約束した制度になるため、支払いの責任が生じることになります。

あなたの会社が、これから退職金制度を設置するような新しい企業であれば、本書をじっくり読んでから、無理なく続けられる制度を設計することをおすすめします。

参考⬇第6章　228ページ

Q2 退職金の支払い前に計画的にお金を貯めてもいいことがない

A ○（退職金の事前準備に税制優遇はない）

退職一時金制度、つまり退職時に現金を一括で支払うような制度がある場合、普通は退職者が出たら、あわてて資金繰りをします。ですから、月末などに資金繰りに苦労することも少なくありません。

しかし、そういったケースとは逆に「来月の4月末に定年退職者が5人いるから、その退職金支払額（たとえば1人1000万円なので5000万円）を残しておいて、3月末の決算日を迎えよう」と思っている経営者がいるとします。ふつうはこちらの準備ができている経営者のほうが、先読みができている優秀な経営者だと思われるかもしれません。

ところが、節税の観点からいえばこの対応はあまり良いとはいえません。この**退職金の準備額については決算日をまたいだ以上、会社の利益としてみなされ法人税の計算対象となるからです。**決算日をまたがないのであれば、退職金として支給した額が全額がその支払い時点で経費として認められます。しかし、退職金の準備額を計画的に資金準備したつもりが「決算日をまたいだ」というそれだけで、たくさん税金を払うことになってしまいます。新年度に入ってあわてて資金繰りしたほうがマシなのです。

かつては、「退職給与引当金制度」というものがあって、そうした資金繰りで一定額については法人税の課税対象から逃れることができました。少なくとも翌年度辞める社員の退職金分くらいは課税されずに繰越できたのです。しかし２００２年度の税制改革でそれが廃止されて、今は、退職一時金の準備についての税制優遇はなくなりました。

しかし、自社内でのやりくりではなく、公的に認められた制度を利用した場合は違います。本書で説明する「企業年金制度」や「確定拠出年金制度」「中小企業退職金共済（以下、中退共）制度」などを使い、計画的に積み立てたお金は、支払い時期がいつであろうと積立段階で毎月の損金として全額を算入できるのです。ですから、もし、退職一時金制度をずっとやってきた、という会社だったら、本書を読むことで上手な準備ができるようになるかもしれません。

参考 ⬇ 第3章 60ページ

Q3 会社の経営が苦しいとき、約束していた退職金は払わなくてもいい

A ×（退職金規程があるなら、苦しくても全額払う）

私が、よく経営者から言われる意見として「会社が苦しいのだから、退職金を払うのはしんどい。払えないのだから、払わなくてもいいだろう（あるいは、減らしたってしょうがないだろう）」というものがあります。

実はこれ、大きな間違いです。**退職金規程がある限り、定めにある退職金額は会社の経営状況にかかわらず支払い義務が発生します。**先の言い分は、「業績が厳しいから銀行の融資の返済はしなくてもいいだろう」というのとほとんど同じです。

社員にしてみれば、しっかり働いてきて退職時に受け取る金額が、会社の退職時点での業績によって変動する、というのは不公平です。同じような仕事をしてきたAさんとBさんがいて、景気が良いときに定年退職したAさんは満額で、景気が悪いときに定年退職したBさんは3割カットということは認められません。退職者が労働基準監督署に駆け込ん

だら、確実に「即時、全額の支払い」を指導されることになるでしょう。

もしどうしてもカットしたいのであれば、すべての社員について退職金水準を引き下げた新しい退職金規程を作り、新しい給付ルールのもとに退職金を支払うことは許されます。ただし、労使交渉が必要になりますし、さかのぼってすでに退職した人に適用することはできません。

このような事態におちいらないためにも、最初に導入する時点で、会社の業績に支障なく支払い続けることのできる水準を退職金制度として定めることと、そのための計画的な準備ができる制度を選択することが重要です。

参考 ➡ 第2章 37ページ

図1-1 **経営にかかわらず退職金は規程通り支払う義務がある**

これはやってはいけない

Q4 社員を辞めさせたいときは退職金を上乗せして辞めてもらうことができる

A ○（退職金を上乗せして交渉できる）

一般に、会社は社員のクビを切ってはいけないものと言われています。今の法律では、一方的に会社が社員を解雇するには厳しいルールとなっています。

しかし、社員と話し合って納得のうえで辞めてもらうことを、法律がすべて禁止しているわけではありません。**本人の自発的意思にもとづく退職をしてもらう**やり方であれば可能です。多くの企業ではリストラの際に、退職金を上積みすることで納得を得ています。

上積みの方法はいろいろあります。一定額を加算する方法、基本給の○カ月分を加算する方法、退職金の計算式にもとづき一定割合を上乗せする方法など様々です。

会社の実情や退職することになる社員の年齢などに応じて調整をすることもあります。

ただし、退職金の上積みについて、差別的な取り扱いは要注意です。

たとえば社員Aは強情なので6カ月分上乗せ、社員Bは素直に応じたので3カ月分上乗せ、というような個別交渉的なやり方はトラブルのもとですし、特定の社員だけに条件提示をすることも、あまりうまい方法ではありません。退職勧奨をする場合は、全社員に対して同一の条件をオープンに示すことをおすすめします。

退職金制度はもともと、社員が会社にいつまでもしがみつかず、リタイアして新たな生活を営めるようにする人事制度でもあります（退職給付制度のリペア機能→１４８ページ参照）。

海外では年齢差別に当たるとして定年退職の定めがない国もありますが、こういう場合は退職金制度の理解により本人の意思による退職を求めます。

本書では退職金制度の改革について考えていきますが、退職金制度を「人事制度のひとつ」として位置づけることで、退職への考え方、そして退職金の存在意義を高める方策を提案していきたいと考えています。

参考⬇第４章　１４８ページ

Q 5 退職金は要するに福利厚生制度である

A ×(福利厚生ではなく人事報酬制度と考えるべき)

この件は、経営者の多くが抱いている大きな誤解であり、本書ではぜひ認識を改めてほしい項目のひとつです。

退職金制度は福利厚生制度と考えるべきではありません。

退職金制度を福利厚生と考える経営者の多くは、おそらく「社員の老後の面倒をみてあげている側面があるのだから、社員の福利厚生に資する制度だろう」と思っているのでしょう。確かに退職金・企業年金制度には社員の退職後の生活を支える重要な役割があります。

福利厚生制度といえば、たとえば遊園地のチケットを年に一回配ったり、契約保養所の宿泊費を補助するような施策が思い浮かびますが、これらと退職金・企業年金制度は意味合いが異なります。福利厚生制度というのは「社員に喜んでもらうためにプラスアルファでやってあげるもの」ですから、会社の都合で制度を中断することができます。「今年度は業績の急速な悪化など経営環境を勘案し、遊園地のチケット配布は行いません」と掲示をすればいいわけです。

しかし、退職金というのは「やっぱり払えない」が許されない制度です。企業会計的には、**退職金の支払いは社員に対する債務であり、社員が在職中に会社に貢献した「仕事の対価」である**と考えられています。

福利厚生制度という発想を捨てることは、退職金・企業年金制度の見直しをするためにも重要なことです。つまり、退職金は、社員に払う給与の一部を後払いするものだと考えることで退職金制度自体を、現役世代のやる気につながる制度にできるからです。

本書では退職金・企業年金制度を「人事報酬制度」として位置づけ、新時代の制度としての活用方法を考えていきます。

参考➡第2章 45ページ

Q6 確定給付型の企業年金は絶対に約束した給付を払わなければならない

A ×（労使合意のうえ、給付前の約束を引き下げられる）

今度は企業年金についての問題です。退職金といえば、現金で一括払いするイメージがありますが、年金のように、毎年支払う年金払いの給付を行う「企業年金制度」を用意している会社があり、だいたい会社員の４割くらいが対象です。

この企業年金の種類で「確定給付型の企業年金制度」というものがあります。給付額が「確定」している制度なので、会社は給付に必要な額を準備する責任がある、と説明されます。運用の失敗などがあり、「確定」した支払額よりも減ってしまいそうであれば、企業側が、その穴埋めをしなければいけません。昨今の運用難の状況の中、「これは厳しい！」と最近では経営者には嫌がられている制度です。

しかし、どんな理由があっても約束した給付を守るべく会社はお金を出さなければならない、というわけではありません。実は、確定した給付を約束しなくてもよいケースもあるのです。

それは、給付を約束することが困難になった際にきちんと制度を見直した場合です。たとえば業績悪化に伴い、会社側に積立不足を穴埋めする体力がない場合などは、労使合意のもと制度設計を変更し、給付水準を引き下げることができます。たとえば、59歳6カ月の社員がいてあと半年で退職金をもらう予定であろうとも、労使合意があって新制度の適用対象になれば給付は下げられるのです（従前の条件で早期退職した人や、一定年齢以上の人は旧制度の給付を保証することもあります）。

運用実績に連動して給付が決まると予め定めておくこともできます（キャッシュバランスプラン。ただし元本割れは不可）。

会社が払いきれない約束をいつまでも守っていて、財務体質は悪化、気がつけば倒産直前になった、というのはおかしな話です。本業のテコ入れだけを考えるのが経営者の仕事ではありません。現実的に払えるような退職給付制度に見直すことも経営者の仕事です。

本書では制度改定のヒントも紹介していきます。

参考 ➡ 第4章 110ページ

Q7 企業年金の解散、実はOBの同意は不要

A ○（解散に当たってOBの同意はいらない）

Q6でも説明したとおり、企業年金制度を採用している場合、きちんと話し合いをすれば給付を引き下げることができます。積立不足が深刻で制度の運営が困難になっている場合や、企業経営が悪化しこのままでは給付が継続できない恐れがある場合などに、労使合意を踏まえて給付を引き下げるわけです。

この引き下げ、OBにも適用することができるかは大事な問題です。会社によってはOBの人数が相当多く、OBのための年金支払いが重くのしかかってくることがあるからです。アメリカの巨大自動車会社であったGMも破綻の要因はOBへの年金支払いであったと言われているほどです。会社をここまで大きくしてくれた貢献者であっても、今の会社の財務をすり減らす存在となっているようなら、経営者として決断を下す必要があるかもしれません。

しかし、現役社員については労使合意で同意を取り付けていくわけですが、OBが集まった労働組合のようなものはありません。OB会のような任意団体があるとしても、これは親睦組織であってOBの意見集約を行い会社と交渉する組織ではありません。

確定給付企業年金等でOBについても給付を下げたいと考えた場合、十分な説明会を行い、3分の2の同意を得て、さらにその引き下げが厚生労働省に認められれば、ようやく引き下げが成立します。なかなか高いハードルです。

ところが、減額するのは大変な労力が必要なのに、**退職金制度を終了(企業年金の解散)するときについては、受給者の同意がなくても廃止が可能です。**会社の倒産などが起きたとき、同意がなくても制度は終わらせるしかないため、ある意味当然の規定なのですが、企業が経営困難な状態に陥った場合などは、倒産するよりも早く、企業年金制度を解散させてしまうことがあります。

ただし、こうした制度の改廃をやる以上は、経営者としてOBからの批判は一身に受け止め、会社は守り、今いる社員の退職金の権利を守ってあげる新制度を作る覚悟が必要です。

Q8 確定拠出年金は便利な制度だ。自己責任で社員に運用させれば、あとはほったらかしにすればいいのだから

A ×（社員が運用できるだけの知識を習得させる等の義務がある）

確定拠出年金制度は本書でその有効活用をおすすめしている制度です。

会社は掛金を出し、社員に自分で運用をさせることで、会社はその後の運用リスクを負わなくてすむ制度です。積立不足は生じず、企業会計上の退職給付債務の認識も不要です。とにかく入れてしまえば会社が楽になる制度、と理解している人も多いかもしれません。

確かにそれはその通りなのですが、ちょっと理解としては正確ではありません。

というのは、社員にリスクを押しつけた以上、社員が自分で資産運用できるような手助けは会社の義務だからです。これを投資教育（継続教育）といいますが、投資の勉強の機会提供までは会社の負担、ということです。

投資教育を怠った会社は将来的に訴訟リスクのあることも指摘されています。今のところ判例がありませんが、「教育をサボったツケは1人200万円」というようなことになれ

ば、ほったらかしできる便利な制度どころの話ではありません。

また、運用商品の選択肢を適宜見直したり、金融機関のサービスに不満足がないか確認したり、会社のやるべきことはたくさんあります。２０１６年5月に行われた法律改正では、そうした会社の責任が明確化されています。制度を入れたらほったらかしでいい便利な制度と誤解しないようにしてください。

本書では、上手に確定拠出年金制度を採用し、賢く制度運営するヒントも紹介していきます。

参考➡第４章　１７７ページ

誤解を解くためには正しい理解を！

８つの質問、いかがでしたか？

マニアックな問題もありましたが、いくつかの答えは「当たり前と思っていたら間違っていたよ！　そうなの？」と感じたものがあったはずです。

問題を間違えた箇所は、もしかすると、あなたの会社の退職金・企業年金制度運営においても誤解や問題点があるところかもしれません。

誤解があっては、上手な制度改革はなしえません。退職金・企業年金制度の適切な理解を踏まえて、制度見直しにチャレンジしてほしいと思います。

それでは、退職金・企業年金の現状を把握し、制度の見直しをスタートしていきましょう。

第2章

なぜ、今、退職金・企業年金を見直すべきなのか？

自社の退職金制度、説明できますか？

「御社の退職金制度を説明できますか？」と聞かれて、すらすらと説明できる経営者はあまりいません。

「業界でやっている厚生年金基金？に入っているよ」と制度名の語尾に疑問符がついていたり、「適格退職年金をやっていたけれど、今は生保に言われて違う制度になっているな。えーと……確定なんとか？年金だっけ」という状態だったりします。

「うちのモデル退職金は○△万円だよ」と即答できない経営者もいますし、自社が選んでいる制度の種類や数、制度の特徴、掛金額、資産の運用体制と話を広げていくと、お手上げになる経営者がほとんどです。

特に小さな企業の場合、経営者は本業について社内で一番詳しい人材であっても、人事制度や福利厚生制度の専門家ということは滅多にありません。かといって、そのための専門の人材を配置する余裕もありません。結果として、社内には退職金制度について詳しい

図2-1 社長の多くは自社の退職金制度を知らない

**自社の退職金・企業年金制度について
以下の問いにあなたは即答できますか?**

人はひとりもいなくて、金融機関から提案を受けて、制度の善し悪しはよくわからないのに、言われるがままゴーサインを出していたりします。

また、自社の退職金制度を採用した理由をさかのぼって聞くと、「初めて定年退職者が誕生したときに、先代の社長が退職金規程のサンプルのようなものを丸写しして急ごしらえで作った」というケースも多々あります。しかもそんな適当な制度が手つかずのまま20年以上使われている、ということもあるのです。これはとても危険なことです。もし、退職金の準備状況に無関心であったり、退職金の制度設計が時代遅れなのに放置していたら、小さな傷が徐々に広がってしまい、**退職金制度や企業年金制度が原因で、会社を倒産させてしまう恐れもある**からです。

「退職金」「企業年金」「公的年金」…違いを説明できますか?

最初のクイズでもおそらく「用語」の違いで混乱した人がいると思いますので、ちょっと違いを整理しておきましょう(また次章以降で詳しく解説していきます)。

まず「退職金」と「企業年金」の違いです。

「退職金」というのは社員の退職時に何らかの金銭を払う定めがある制度のことで、一般的には退職金規程でそのルールを定めています。

これに対し、「企業年金」というのは退職金制度の一部(ないし全部)を年金受け取り可能とするものです。年金払いの方法は5年ないし15年といった有期年金で支払うものと、国の年金のように死ぬまで何年でも支払いが保証されている終身年金があります。企業年金は基本的に国の認める法制度を活用します。そのほうが税制上のメリットがあるからです

図2-2 公的年金制度の種類

公的年金には、2種類あり、日本国内に住所のあるすべての人が加入を義務づけられています。その人の働き方により加入する年金制度が決まっています。

制度	説明
国民年金	日本国内に住む20歳以上60歳未満のすべての人
厚生年金	厚生年金保険の適用を受ける会社に勤務するすべての人。公務員・私立学校教職員など

（企業年金の種類については後に詳しく説明していきます）。

それでは「企業年金」と「公的年金」の違いはわかるでしょうか？

まず公的年金の種類は2種類。国民全員が加入しなくてはなりません。「国民年金」は日本国内に住む20歳以上60歳未満のすべての人。「厚生年金」は厚生年金保険の適用を受ける会社に勤務するすべての人と公務員などが加入する公的年金です。

「企業年金」は会社が退職金制度の一部（ないし全部）として採用するもので、任意に実施するものです。しかし**「公的年金」は株式会社であれば正社員全員が強制適用されます（正社員並に働くパートも適用される）**。会社員が加入することになるのは前述した「厚生年金」ですが、これは国の社会保険制度であり、加入したくないといったワガママは許されません。

厚生年金の保険料は本人から半額、会社が給与とは別途半額を負担する仕組みとなっています。企業年金は退職金制度の一部として、掛金の全額を会社が負担することが一般的です（社員自身にも一部負担されることもまれにある）。

退職金を払えない、は許されない

かつて私が中小企業の退職金・企業年金制度の相談に対応していたとき、企業経営者の本音を耳にする機会がありました。よく言われるのは

「会社の景気が悪く、退職金を満額払えない。払えないのだから払わなくてもいいのではないか」

という声でした。一見するともっとものようでもあります。

社長としては「長年勤めてくれてご苦労さん」と感謝の気持ちを込めて包んであげるのが退職金であり、経営に余裕がない時期には払えなくても仕方がないよね、という感覚なのでしょう。

しかし、第1章のQ3で取り上げた通り、これは間違いです。もし、その退職者が支払いを求めて労働基準監督署に駆け込んだら、間違いなく全額の即時支払いをするよう指導されます。

「いや、今売り上げがないのだから払えませんよ」といってもダメです。**退職金規程や企業年金の規約がある場合、これは会社と社員の契約であり、その支払いのルールは必ず守られなければならない**のです。

最悪の場合は退職金が要因となって倒産する可能性すらあります。定年退職者ひとりあたり1000万円といった水準の資金繰りがまったくできておらず、その会社の定年退職日が年度末、つまり決算日の月末に集中したとしたら……。これは資金繰りが行き詰まるリスクがあります。

もし、今の制度の退職金を今後払えないのであれば、社員が退職して会社が傾いてしまってから考えるのでは遅すぎます。社員が退職を迎える前に制度を変えておくしかないのです。

退職金制度はお金がかかる。給与の10％以上の負担も

退職金制度、企業年金制度はとてもお金がかかる制度です。実際に支払う費用はもちろん、制度維持のための費用がかかる場合もあります。定年退職者が何人も出る年度末には資金繰りに苦労することもしばしばでしょう。

退職金制度の維持にどれくらいの費用がかかっているか、経団連の福利厚生費調査をみてみると、社員ひとりあたりの現金給与等の総額が月56・4万円のところ、法定福利費（社会保険料の会社負担等）が月8・4万円、退職金等の費用に月5・5万円かかっているとしています。大企業の水準であるため、当然ながら高額になりますが、比率でみて、ざっくり給与の10％くらいの予算を立てておかなければ退職金制度の維持はできません。そのくらいの覚悟が必要なのです。

おそらく、多くの企業経営者は「退職者が現れたら、そのとき資金繰りをすればいいよ」と軽く考えているかもしれません。それが、社員全員の人件費の1割にも達する重みがあ

図2-3 **退職金制度は給与等の人件費にプラス10%かかる**

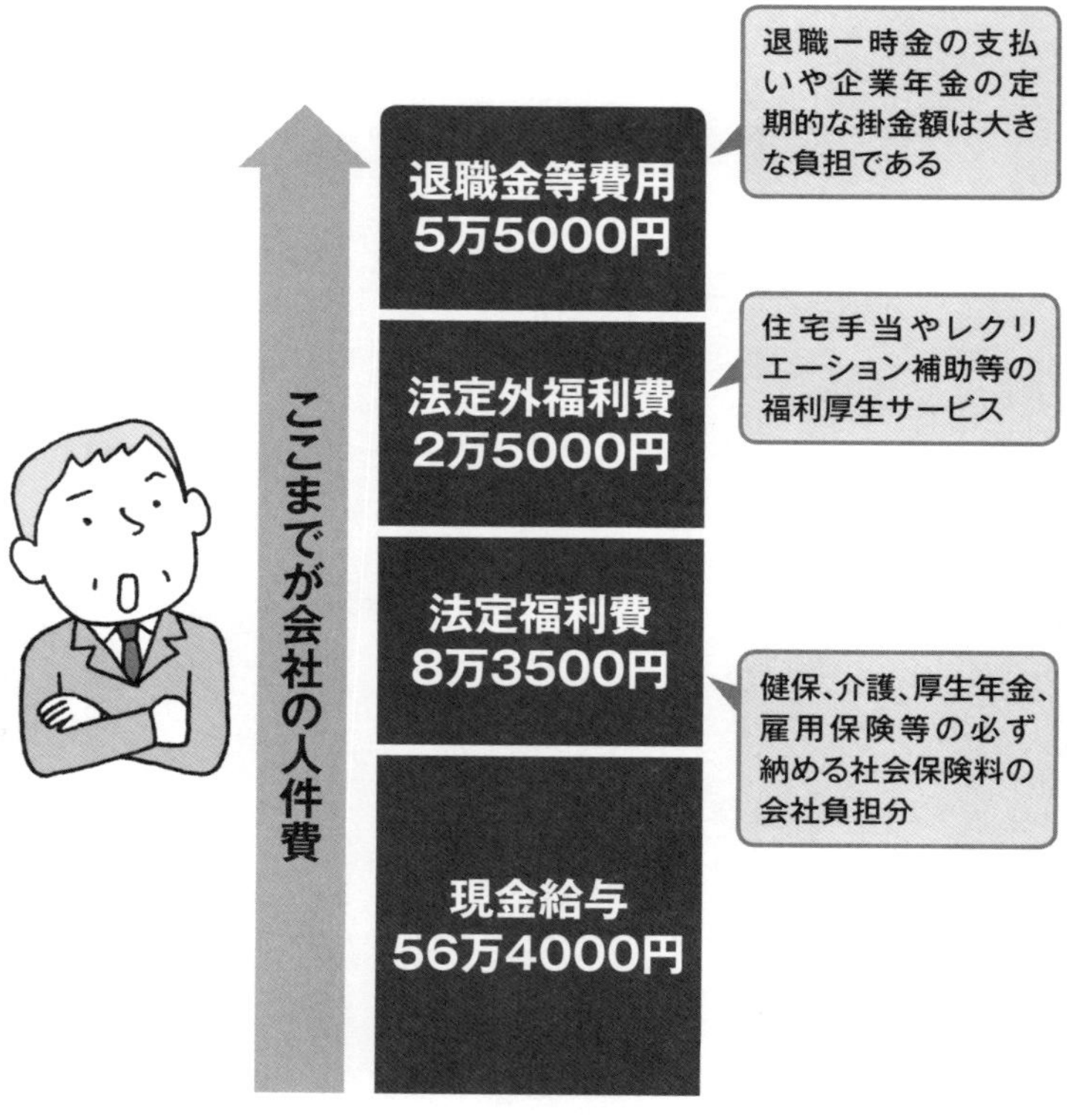

出典：日本経済団体連合会　第59回 福利厚生費調査結果報告（2016.1）より作成
http://www.keidanren.or.jp/policy/2015/121.pdf

ると言われたら、眠気も吹っ飛ぶはずです。

社員のほとんどが若いうちは給与の10％もかからないことがあります。まだ実際に退職金を支払う人がいないからです。しかし、会社が業容拡大をした時期にたくさん採用した人材が一気に定年を迎える頃（あなたの会社はどうでしょうか。それは10年後かもしれませんし、5年後かもしれません）、同じやり方は通用しなくなります。制度選択を誤っていた会社はそのとき給与の20％以上の負担を毎年強いられるかもしれません。

そんなXデーが来る前に、経営者は退職金・企業年金の問題にも手をつけておかなければならないのです。

現役社員が喜ばない制度では、やる意味がない

あなたの会社でこれから、退職金・企業年金制度を見直すにあたって、まず最初に考えるべきことはなんでしょうか。それは資金確保の苦労でもなく給付引き下げの覚悟でもあ

りません。それは、

「今働いている社員が喜ぶ制度にする」

「今働いている社員が安心できる制度にする」

ということです。

退職金・企業年金制度が、社員の会社に対するロイヤルティや仕事に対するインセンティブを高めてくれるか自問自答したことはありますか?

おそらく、ほとんどの経営者はそんな疑問を持ったことがないと思います。さらに、多くの現役社員はその制度の詳細を知りません。「退職金制度あり」ということはわかっていても、いくらもらえるのか、どんな制度で運営されているのか知らない人がほとんどです。退職金・企業年金制度のことをよく知らなければ、それが日々の仕事のモチベーションにつながることなどありえません。

退職金・企業年金制度によって社員の愛社精神がピークに達するのは、定年退職のその瞬間だけです。思った以上の支給額を示され感激し(制度のことを知らなかったので期待していなかった証拠でしかない)、花束を渡されて「勤続38年、この会社に勤めてきて私は幸せでした!」と涙ながらにスピーチをする。会社、仕事に対してモチベーションが最

図2-4 現在の退職金制度は、定年退職者だけが喜ぶ制度になっている！

現役社員は制度を知らない

制度は知らないし、どうせもらえないんでしょ（無関心）

現状は、会社に貢献している世代のやる気にもつながらなければ、愛社精神にも役立たない金食い虫の制度

定年退職者は会社に大感謝

こんなにもらえるなんて思わなかった（涙）

明日から会社に来ない社員が、最後の日に愛社精神マックスになっているという皮肉な制度となっていないか

も高くなっている人材が、皮肉なことに明日からは会社に来ないのです。会社のために高い生産性で働いてくれる人材を、定年退職日に手放しているなんてバカな話はありません。

先ほど指摘したとおり、退職金・企業年金制度はたくさんのお金をかけて維持しています。総額人件費の約1割もかけているとしたら、その制度で喜んでいるのは退職者だけというのは、生きている会社の制度としてはおかしな話だとは思いませんか？　制度改革の第一課題は**「今働いている社員に喜んでもらえ、仕事をがんばってもらえる制度に作り替える」**ということです。

そして社員に安心感も与えなければなりません。社員の多くは「退職金なんて、そんなにもらえないのかも」「どうせ今のOBより少ないんじゃないの」と思っています。これは制度のことがよくわからないからです。そして会社も社員にきちんと制度の周知をしていないという証左でもあります。

「よくわからないもの」が社員の愛社精神につながるはずがありません。社員に喜ばれる制度にする、ということは社員に安心してもらえる制度にする、ということでもあるわけです。

退職金制度は「人事報酬制度」と考える

第1章のQ5でも指摘しましたが、経営者の皆さん（もちろん労働者の皆さんも）が、これから捨てていただきたい発想に「退職金は福利厚生制度」というものがあります。私は退職金・企業年金制度の専門家の一人として、これは明らかに間違いだと考えています。

福利厚生費（法定外福利）というのは、一定の要件を満たすと経費に認められるもので、代表的なものとして、借り上げ社宅の費用（本人負担と実負担の差分）、出張手当、慶弔見舞金（結婚・出産の祝金、死亡弔慰金、災害や傷病時の見舞金など）、社員旅行や忘年会や新年会等の親睦会費用、保養所等の利用費用などがあげられます。一般的な給与等とは別にそのつど発生したもので、社員の生活をサポートするような目的で使われる費用です（ちなみに、社会保険料や労災保険料を法定福利費といい、福利厚生費と区別されます）。

福利厚生制度というのは、私に言わせれば「いつでもカットできる制度」です。たとえば契約保養所があったり、遊園地の無料入場券を創業記念日に配ったりするような福利厚生制度があったとき、これはいつでも廃止することができます。

企業業績悪化の折には、その旨を社員に説明すればディズニーランドのフリーパスを家族全員分配布しなくてもいいわけです。経営の余裕があるときだけ、やっていてもよいわけです。

しかし、退職金・企業年金制度は違います。準備を行い着実に支払うことは景気と無関係に会社の義務であり、軽々しく減額することが許されないからです。

それでは、**退職金・企業年金制度はどこに位置づけられるのでしょうか？**

それは「人事制度」であり「報酬制度」と位置づけるべきです。

どんな会社にも人事制度はありますが、基本的には「評価制度」「処遇制度」「報酬制度」で構成されています。何らかの人事評価を行い、それにもとづいて処遇を決定、処遇に応じて報酬を改定します。サイクルのいずれが欠けても人事制度はうまく機能しません。

賃金や賞与が誰でもイメージできる報酬制度ですが、よく考えると退職金・企業年金制度も処遇や賃金に連動してその給付額や掛金額が決定されることがわかります。高い処遇・高い賃金を得た社員は退職金の算定基礎も高まりますから、退職金額は増額されます。企業年金制度を採用している場合も、処遇や賃金に連動して掛金が増額されます。

図2-5 退職給付制度は「人事制度」である

退職金・企業年金制度を福利厚生制度と誤解している経営者が多いが…

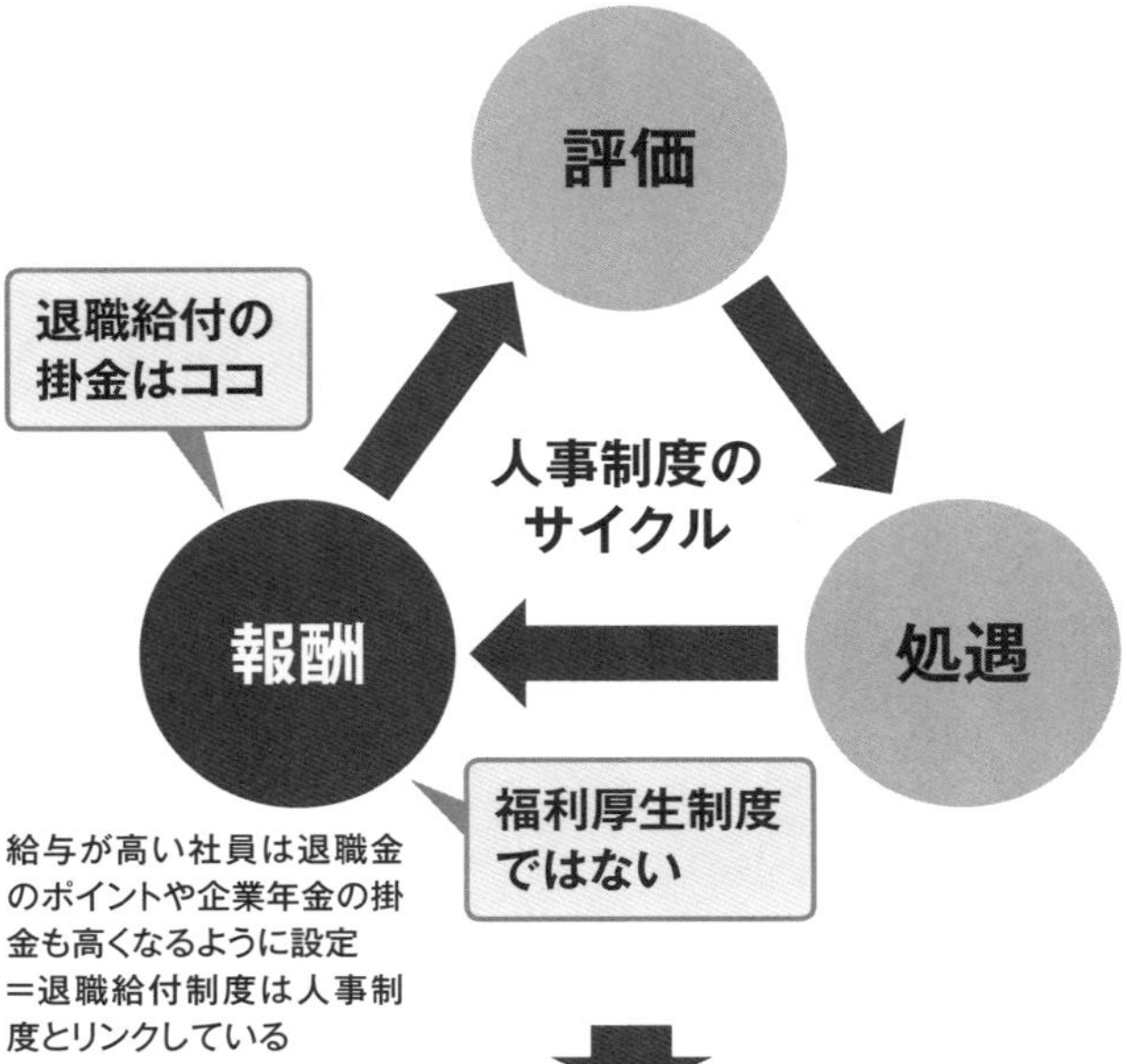

退職金・企業年金制度は
いきなり止めることはできない
社員の貢献度に応じて、どんどん差をつける

現役社員へのインセンティブとして働くような設計にする

そして退職金・企業年金制度のコストは業績と連動して減らすことができません。これはどう考えても報酬制度の一部分を構成していると考えるべきです。

社員は福利厚生制度の感覚を持っていてもかまいません（そのほうが会社は感謝されます）。しかし経営者は「退職金・企業年金制度は人事報酬制度である」、と考えるべきです。そうすることで、そのコストに見合う制度にするべきという意識が高まります。人事報酬制度と考えることで、退職給付制度をどう改革していくべきか考える基本的な視座を得ることができるのです。

ブラックボックス化しては危険！ 退職金の「見える化」が必要

退職金・企業年金制度が人事制度の報酬制度であれば、経営者として考えるべきは、費用に見合う業績を社員に残してもらえるように、この制度を活用するべき、ということになります。もっとシンプルに言ってしまえば「制度のコスパ（コストパフォーマンス）を高める」ということです。

たとえば「高い給料を払った分、しっかり仕事もしろよ」と経営者は社員にハッパをかけますし、社員もそう理解して仕事に専念します。「みんながんばって好業績につながったのでボーナスで還元するよ」といえば社員の愛社精神はさらに高まります。

これと同じように、**「高い退職金を払う分、しっかり仕事もしろよ」というメッセージを投げる必要があるわけです。**

しかし、ほとんどの社員は退職金・企業年金制度によって、会社に対するロイヤルティを高め、仕事に励むことはありません。社員にとって、退職金・企業年金制度は中身が見えない制度であり、理解がないからですが、その責任の多くは実は会社側にもあります。

かつて（といっても20世紀末までのことですが）、会社の人事メッセージとしては「退職金の心配なんかするな」という発想が主流でした。「老後のことなんか心配しなくてもいい。先輩は安心して老後を楽しんでいるだろう？　だからそんなことを気にするくらいなら仕事に集中しろ！」というのが、最近までの人事の退職金・企業年金制度に関するスタンスでした。

これでは現役世代が退職金・企業年金制度の理解を深めるはずがありません。経営側が、この制度を意図的に隠しているわけではなくとも、積極的に開示をしないでブラックボックス化しているからです。

近年、社内の情報共有について「見える化」を推進している企業が増えています。退職金・企業年金制度も見える化すべきです。

自分の加入している制度について社員に周知すること、またその加入状況（受給権）について開示することは、制度の経済的価値を社員に伝えるだけではなく、そうした制度を通じて給与や賞与以外にも社員のことを考えているのだ、という姿勢を「見える化」することでもあります。

その結果として、社員は給与や賞与だけでなく退職給付制度も含めた総合的な処遇を踏まえて愛社精神を持ちますし、仕事に専念するようになるのです。

21世紀の退職金・企業年金制度改革の原則となるのは「見える化」できる制度を選択することなのです。

先代の決めた制度が未だに残るケースは要注意

退職金・企業年金制度というのは、なかなか改革が進まない制度のひとつです。というのも、制度の改定作業の負担は大きく、しかしわかりやすく社内の雰囲気を変えてくれるものではないからです。

職場の引っ越しや内装変更、制服の変更のほうが社員には受けがいいでしょうし、気分も盛り上がります。あるいは人事評価制度の体系を変え能力主義を採用したり、給与体系を見直すほうが、若い社員はやる気がでます。

その結果、どうしても退職金・企業年金制度の改定は先送りされがちになり、結果として給付の引き下げとか制度の廃止といった対応しかできなくなります。これではますます社員の満足度は下がります。

退職金・企業年金制度の改革が先送りされやすい理由のひとつとして、先代社長、つまり父親が創設した制度であって、自分より年配の社員が近々受け取ることになるため、制度にメスを入れにくい、という側面もあるようです。

　会社を継いだ新社長はまだ若く、退職金・企業年金制度は実感しにくいこともあり、それより自分と自分より若い世代の社員のためにわかりやすい人事制度改革からスタートしがちです。

　ところが給与や賞与は実績や能力に従って決まるようになったのに、退職金制度は旧態依然とした年功序列型の制度が居座っていた、というケースがしばしば起こります。

　ある会社で実際にあったのですが、文字通りの年功序列（勤続年数１年ごとに〇万円ずつ退職金が増える）の体系を放置していたところ、中卒からずっと工場勤務であった非管

図2-6 **先代社長の古い制度にこそメスを入れよ**

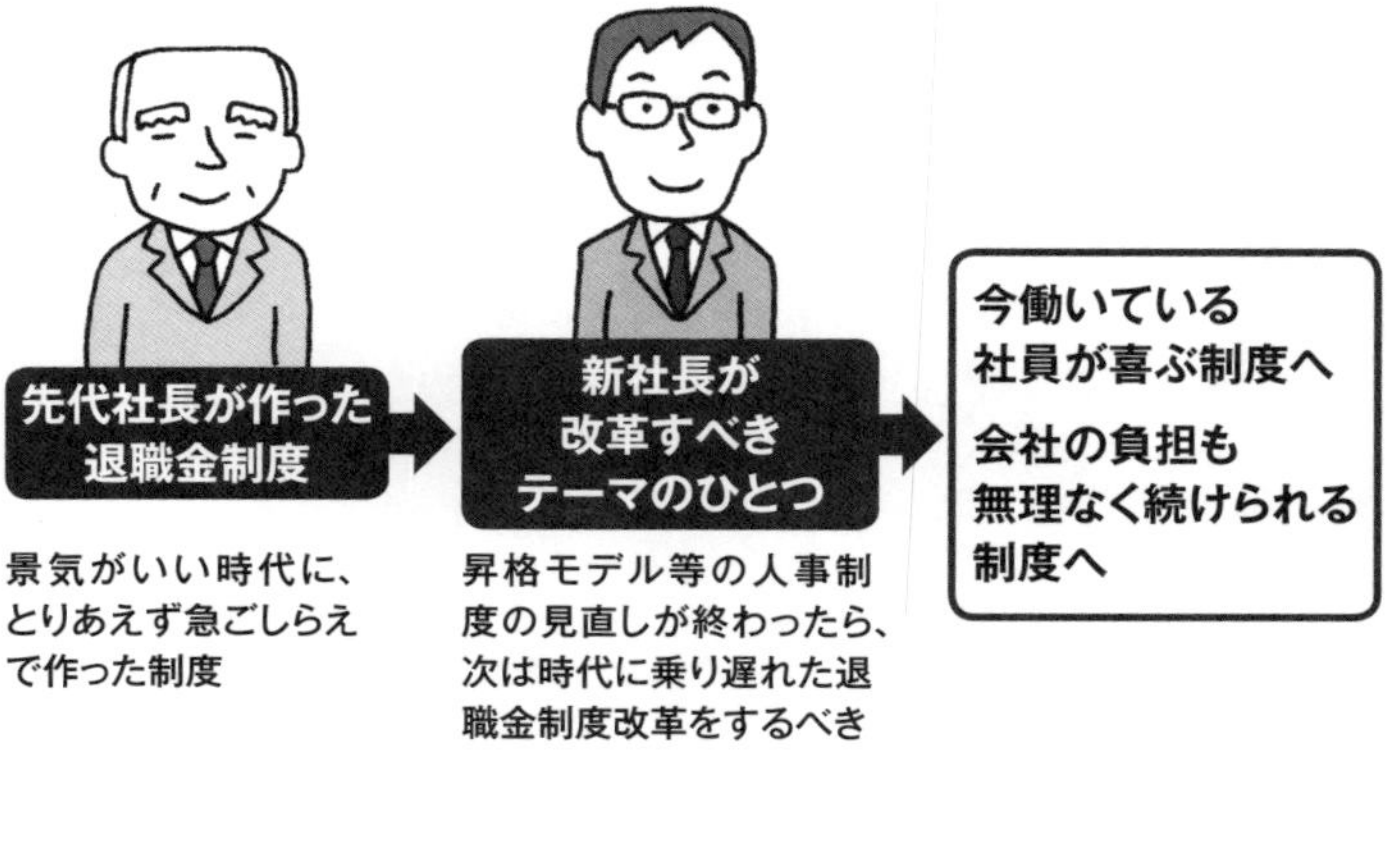
先代社長が作った退職金制度
新社長が改革すべきテーマのひとつ
今働いている社員が喜ぶ制度へ
会社の負担も無理なく続けられる制度へ
景気がいい時代に、とりあえず急ごしらえで作った制度
昇格モデル等の人事制度の見直しが終わったら、次は時代に乗り遅れた退職金制度改革をするべき

理職の社員（45年勤続）のほうが、大学院卒で部長クラスを長年勤め経営に大きく貢献してくれた社員（35年勤続）よりも退職金が多くなる、という事態が生じました。社長としてもこれはおかしいと思うものの、規定がそうである以上、勝手な調整はできません。

これはある意味、制度疲労のようなものです。設計当初は想定されていなかった時代の変化に対応しきれていなかった問題が顕在化したといえます。

この会社は、2人が同時期に退職したことにより問題意識をもって制度改革に取り組むことになりました（なお、35年勤続の部長には特別功労金のようなものを加算し調整したとのことです）。

もし、あなたが親から経営を引き継いだ若手経営者であったなら、経営の引き継ぎが軌道に乗ってきたところで、**退職金・企業年金制度にも早めに改革の手を伸ばしてみるべき**です。むしろ次世代経営者の大事な課題のひとつが退職金・企業年金制度の改定なのです。

今こそ退職金・企業年金制度の改革に取り組むチャンス！

もしかすると、今は退職金・企業年金制度の改革に着手するのに絶好のチャンスかもしれません。

まず、景気が厳しい折にはなかなか人事制度改革に手を伸ばせないことがありますが、ここ数年は最悪期を脱しており、経営リソースとしても少し余裕があります。少し時間をかけてでも、退職金・企業年金制度にメスを入れることができるはずです。

２０００年から今まで、退職金・企業年金制度の改革というと給付カットの話ばかりが俎上にのぼりがちでした。制度の廃止に伴って水準を引き下げるというような同意ばかりで、社員にとっては退職金・企業年金制度の話題はむしろロイヤルティを引き下げるものばかりでした。今、改革に前向きに取り組むことができれば、むしろ改定を安心や信頼の向上につなげることも可能です。

制度の器としても、選択肢がほぼ整ってきました。厚生年金基金制度改革が進み、加入していた企業には後継制度の有無や選択肢が提示されています。確定拠出年金制度については、２０１６年5月に大幅な法改正が実現、新たな選択肢も追加されています（２０１７年から18年にかけて順次実施される予定）。今が新しい選択肢を比較しつつ、自社にとっての最適なチョイスを探る好機になっているのです。

金融機関も大企業の制度改革は一段落しており、中小企業の案件に対応する余裕も出てきています。せっかく相談しても相手にしてもらえないのは辛いものですが、その点でもチャンスです。

本書のねらいも、新しい選択肢を踏まえた退職金・企業年金制度の未来像を描くヒントを提供することにあります。これをきっかけに、制度改革にチャレンジしてみてはいかがでしょうか。

第3章

これだけ知っていればOK！「退職金」「企業年金」の4つの類型

本章では、退職金や企業年金制度について検討を行うために、企業サイドの人間が知っておかなければならない最低限度のポイントを解説します。

法律上の細かい規定や役所とのやりとり、複雑な方程式を必要とする数理計算などは専門家にお金を払って任せることができます。しかし、基本的な仕組みを理解しておかなければ「我が社にとってはどちらがよい選択肢か」「社長としてどちらを選ぶべきか」というもっとも重要な部分での決断ができないからです。

なぜ、「退職金」ではなく「企業年金」を考えるべきなのか

一般に、会社が社員の退職時に何らかの金銭的支給を行う制度のことを、「退職金」と呼んでいます。会社側は「企業年金制度」であっても、社員には「退職金制度」と単純に説明することもあります。

しかし、厳密には**「退職金」と「企業年金」は異なる仕組みです。**

まず、退職金は退職一時金と呼ばれることもあるように、一時金で支払われることが原則です。これに対し、企業年金は年金と名のつくとおり、年金払いの選択肢を設けなければいけないのですが、社員側の希望によって一時金での受け取りもできます。つまり、企業年金は、年金払いだけでなく一時金の選択もありうる、ということです。

退職金制度と企業年金制度を総称して退職給付制度といいます（本書ではわかりやすさを重視して退職金・企業年金制度と言うこともあります）。どちらが社員にとって便利かといえば、選択の余地が広い企業年金制度、ということになるでしょう。退職金と企業年金を概念図にしてみると図3−1のようにな

図3-1 退職一時金、企業年金を合わせたものが「退職給付制度」

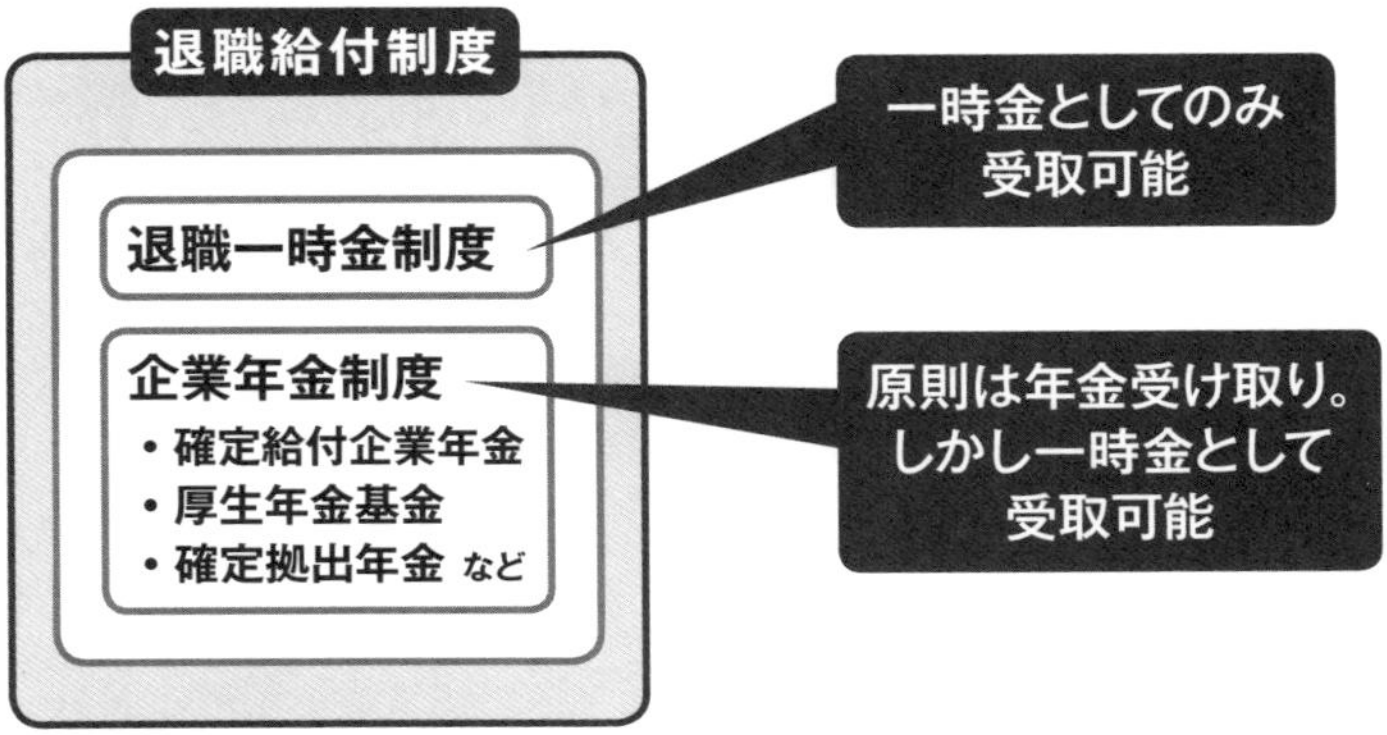

ります。

ここまでは前章でも軽く触れたところです。しかし、退職金と企業年金には、もっと本質的な違いがあります。「資産の準備方法（資金繰り）」を考えてみると、その違いがよくわかります。

退職金を準備するなら「企業年金制度」を使いたい

まず支払い資金の準備方法を考えてみたとき、退職金制度には事前積み立てや外部保全の義務はありません。厳密には「賃金の支払の確保等に関する法律」、いわゆる賃確法が退職手当にかかる資金の保全措置を努力義務規定としていますが、あくまで努力義務規定にとどまっています（第5条）。実態としては、退職者が発生したらそのつど資金調達をして退職金を支払うのが一般的です。

すでに第1章で説明したとおり、退職一時金制度の事前準備には税制優遇措置がありません。数年前から計画的に資金繰りをしても税制上のメリットがないどころか、決算日をまたげば会社の利益として法人税の課税対象となるのですから、事前準備をしようと思う企業はありません。

先ほど退職一時金制度はそのつど資金繰りをする、といいました。しかし、退職者の人数は毎年固定的ではありませんから、必要な資金額は毎年度異なるということになります。63ページ図3－2は退職金と企業年金の違いを簡単に説明しています。

仮に、モデル退職金1000万円の会社があったとします。ある年度は定年退職者が1人だったため退職金にかかる経費は1000万円です。しかし、その次の年度は5人退職したので5000万円かかった、ということが実際に起こります（中途退職者も含めるとさらに想定外の支出が生じることになる）。

これは企業の決算にも影響が出かねない不安定コストです。退職金は支払い義務が生じたら全額を現金で支払う必要がありますし、支払い義務が生じたあとで減免を求めることもできません。退職金の資金繰りを甘くみていると、定年退職者が多かったため赤字転落したとか、せっかくの好業績が定年退職者のおかげでがくんと下がった、というような事態が起こります。そうなると銀行に決算資料を渡すとき、口頭で「本業は好調なのですが、今年は定年退職者が多くて困りました……」と言い訳を補足することになります。

この不安定コストは本質的に企業の業績とは無関係です。定年退職者は会社の業績を高めてはくれませんので、退職金支払いのための融資をしてくれといっても銀行はいやがります。

これに対し、会社内で準備するのではなく、**「企業年金制度」などを用いると、定期的に掛金を拠出する形で計画的に外部積立が行われ、かつ外部保全されるようになります。**外部保全というのは、会社とは切り離して「外部」に資金が「保全」されるため、会社が倒産しても企業年金資金は守られており、退職者に支払われるという仕組みです。

企業年金制度等を活用すると、会社側は、毎月の給与や会社負担の社会保険料と一緒に、企業年金制度等にかかる掛金を定期的に負担します。仮に基本給の5％を積むと定めた場合、基本給20万円の社員なら1万円の企業年金掛金を毎月の人件費として織り込んでおくのです。

これにより、退職給付制度の支払い準備は平準化されることになります。退職給付制度のコストを入社時点から定期的に乗せ続ける（拠出＝掛金を出し続ける）ことができれば、計画的に資金準備を行うことになり、退職時に支払うべき額の大部分が、退職時にはすで

図3-2 退職一時金の準備は
「企業年金制度」を使ったほうがお得！

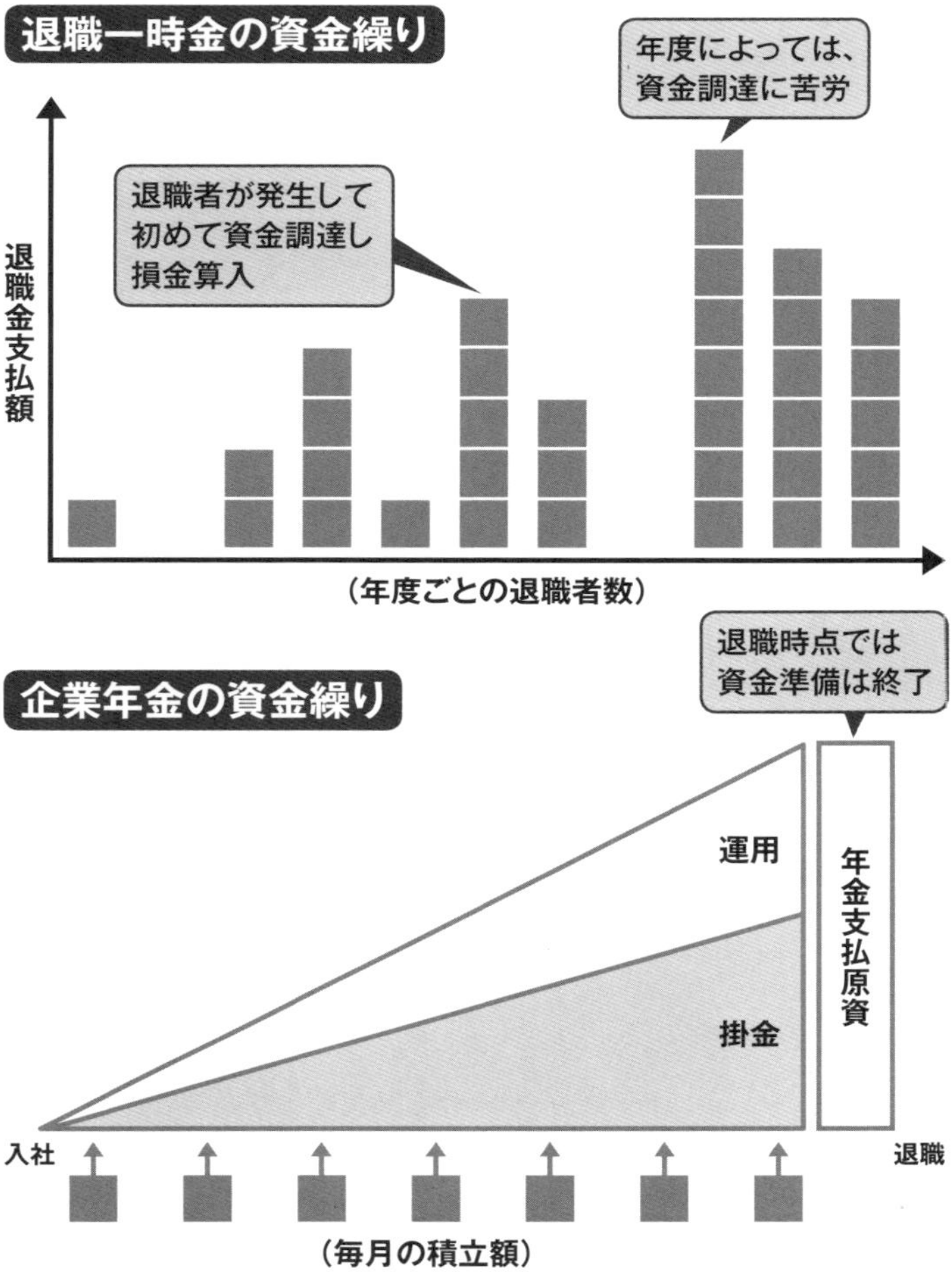

に用意できていることになるからです。これを**支払い準備の「平準化」**といいます。

支払い準備を平準化して備えたことにより、いざ定年退職者が出たときに資金準備がゼロであわてて資金調達することはなくなります。企業年金制度を使った事前準備ができており、そこから支払うことができるからです。

中途退職者がいきなり現れた場合であっても、その時点までの積み立て額に応じた支給額を企業年金等から取り崩せばいいので、これも資金繰りに焦ることはなくなります。定年退職者は「向こう5年間の60歳到達者はX人で退職金要支給額はX千万円」と見込めばその金額はほとんど外れませんが、中途退職者はいきなり辞表を出してきますから人数や支給額は見込みにくいものです。企業年金制度の活用により中途退職者への計画的準備という難題も同時にクリアされるのです。

強力な税制優遇によって効率的に資金準備できる企業年金

ただし、こうした在職中からの定期積立を行うことは、短期的には目の前の人件費を増大させることになります。いつかは支払わなければならないコストの準備とはいえ、毎月の費用の捻出と制度運営は企業の大きな負担となりますので、これを嫌がる経営者も少なくありません。そこで国から提示されるメリットが「税制優遇」ということになります。

まず、**企業年金等の制度を採用すれば掛金ベースですべて損金処理が行えます。**つまり準備段階での費用は経費として全額認められることになります。もちろん掛金について社員に所得税等が課されることもありません。

次に、**企業年金等の運用によって得られた収益はすべて非課税となります。**通常であれば譲渡益については20%課税が原則ですから、この差は大きいものがあります。ちなみに特別法人税として企業年金の資産残高の約1%を徴収する制度がありますが、15年以上にわたって凍結、2019年度末まで再延長される予定であり、再開の見込みはほとんどありません。復活の可能性よりは廃止の可能性が高いと考えられる。

この2つのメリットを活かすことで、**「実際の支給額より少ない費用で退職時の支給額を確保する」という効果が生じます。**退職時にあわてて全額資金調達するよりも、お得な準備方法になりうるのです。仮に1000万円のモデル退職金があったとして、22歳から60歳まで年齢と同額の月収だったと仮定したら、月収の5・2%を積み立てていけば運用益なしでも1000万円が確保できます。しかも実際には運用益が期待できますので、もっと少ない積立金で1000万円の準備が可能です。仮に年4%の収益を確保し続けたとすれば、月収の2・5%、元本として約480万円を積み立てることで1000万円を確保することができるのです。

これはつまり、退職金1000万円を実質500万円で調達することに他なりません。もちろん、運用の不調が生じた場合には不足分は会社が責任を負うことになりますが（後述する確定拠出年金や中退共制度は除く）、それでも計画的に積み立てを行い、非課税で資産形成することのメリットの大きいことがおわかりいただけるかと思います。

そして、何らかの法的手当に基づく企業年金制度を活用すると、その資産は計画的に積み立てられ、外部保全されることになります。企業年金制度や共済制度を用いて外部に積み立てた資産は、会社の資金繰りに用いることはまったく不可能になります。これは強力な税制優遇を受けられる条件のようなもので、企業年金の資産は社員の将来の退職時に支給される資金としてのみ用いられることになります。企業年金を長年運営していると資本金額以上の積立額に成長しますが、これは会社の経営資金ではないことを経営者はしっかり自覚しておくことが大切です。

いずれにせよ、**企業年金の意義は「支払い準備の平準化」とそれに伴う外部積立・外部保全体制の確立、そして「税制優遇」があることによる効率的な資金準備にあります。**だからこそ、企業は企業年金制度の採用を検討すべきなのです。

退職給付制度には4つの類型がある

退職給付制度はたくさんの制度や法律がありますが、大きく4つの種類に分けて整理すると理解がしやすいと思います。理解のポイントは、「資金の準備から支払いに関して会社と社員の関係はどうなるか」です。また実際の資金の置き所はどこかに着目すると4つの違いがよくわかると思います。

○「内部留保型」――いわゆる退職一時金。事前準備の税メリットはゼロ

まず1つ目は「内部留保型」の仕組みです。これは、事前の資金準備について内部留保を行い、外部積立等はまったく行わないという意味です。ここには退職一時金が該当します。

内部留保型の特徴は**最終的に退職者にお金を支払うまでの準備をすべて会社が負う**ということです。実際の支払いの段階では支払った全額を損金算入することができますが、事前準備に関する税制上のメリットはありません。

少しだけ事前準備に税制上のメリットをつけるやり方として、退職金の支払い準備のために生命保険を活用することができます。退職金保険などといわれます。こちらについては、従業員の死亡時には死亡弔慰金として全額が遺族に支給されることを約束した場合などで税務署が認めた場合には、一定の割合を損金算入して掛金の積み立てをすることができで

図3-3 退職一時金を用意するための
4つの方法（制度）

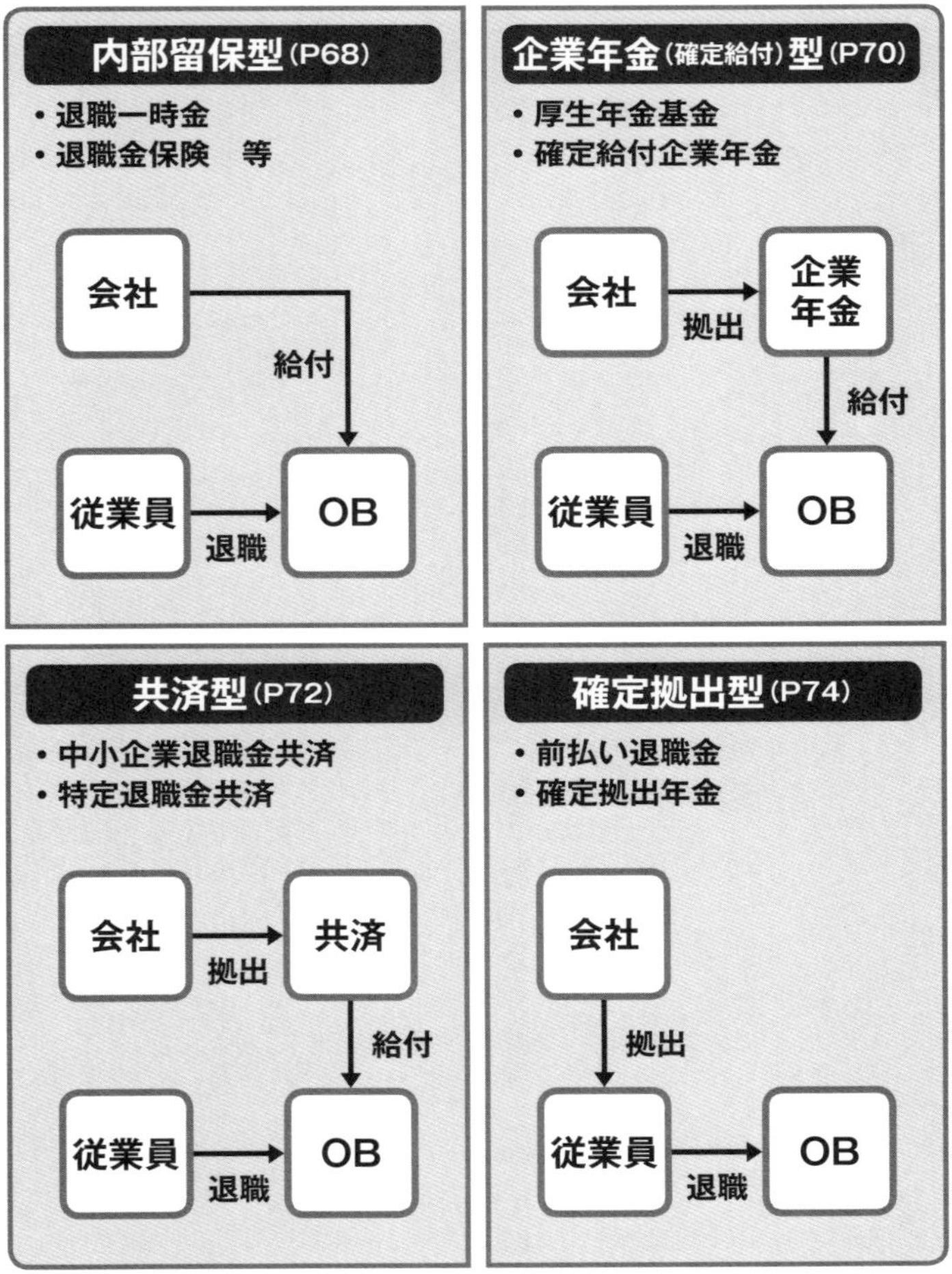

きます。ただし、生命保険会社に積み立てた資金は会社から完全に切り離されてはいません。会社の資金繰りに困った場合などはこれを担保に貸付を受けることができます。2～3営業日で振り込まれることもあり、中小企業にとっては一定の利便性がありますが、社員にとっては外部保全体制が整っているとはいえません。取り崩した分をきちんと穴埋めしない限り、どんどん退職金の事前準備は遠のいてしまいます。資金繰りに窮して倒産した場合などは、退職金保険も積立ゼロ状態ということもありますので注意が必要です。

○「企業年金型」——厚生年金基金は解散の方向、確定給付企業年金が中心に

2つ目の類型は企業年金型（確定給付型）です。これは会社と従業員の間に企業年金制度を設立し、そこに資金を積み立てる外部積立のスタイルをとることが大きな特徴です。**最終的な給付額については会社が責任を負う企業年金の形式を確定給付型といいます**ので、確定給付型と呼んでもいいでしょう。

現在、厚生年金基金と確定給付企業年金の制度があります。かつては適格退職年金制度もこれに該当しましたが、2012年3月末で制度としては終了しました。また厚生年金

基金についても法改正が行われ、多くの制度が解散に向かっています。これからの企業年金型の中心は確定給付企業年金制度ということになります。

確定給付企業年金には規約型と基金型があり、基金型の場合は会社とは独立した法人格を持った企業年金基金が設立され、そこが資産の積立、運用、管理、給付の業務を担います（といっても実際には、基金の事務職員は会社から出向させることがほとんどで、事務局自体も本社内に置かれることが多い。資産運用についても生保、信託、投資顧問会社に委託する）。

規約型の場合、生命保険会社か信託銀行に契約をし、掛金の積立や運用、給付等の管理

図3-4 今までの主流だった「確定給付型」

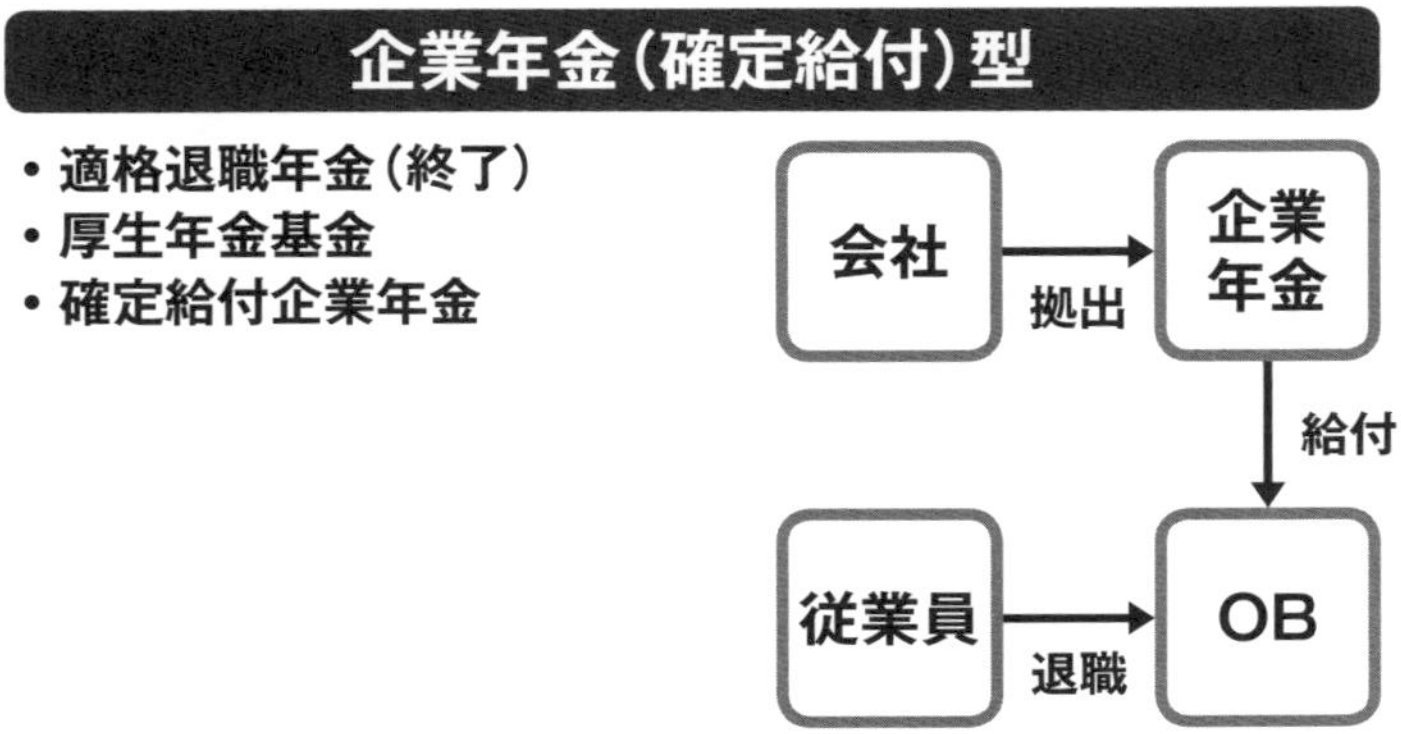

を委託します。ただし、そこに積み立てられた資金が会社と切り離される体制は確保されます。

確定給付型というように、「確定した給付」つまり予め定めた給付額の約束を守ることがこの制度の大きな特徴で、資産運用の不調等により準備が十分でなかった場合は、会社サイドがその不足を補う必要があります。

○「共済型」——運用・管理を外部委託でき便利だが、加入要件には制限

3つめの類型は共済型です。企業年金型の構図に近いものの、図の右上のところが「共済」に置き換わっています。

中小企業の場合、独立した企業年金を設立し運営することが難しい場合がありますが、**公的な団体によって設立された共済制度を活用することによって、企業年金のような資産の外部積立を行い、将来の給付を行う仕組みが共済型です。**

独立行政法人勤労者退職金共済機構が実施する中小企業退職金共済が、共済型の制度の中心となっています。また、一部の業界については独立した共済制度を持つこともあり、

建設業退職金共済（建退共）、清酒製造業退職金共済（清退共）、林業退職金共済（林退共）があります。これらの業種は人材の移動が激しい業種ですが、同業で働き続けることが多いため、転職をしても同じ共済で積立が行われるように工夫をされています。

また、各地の商工会議所等が中心となって設立する特定退職金共済という仕組みもあります。制度設計は中小企業退職金共済に準じます。

共済制度の場合、加入できる要件が定められており、従業員数や資本金額などで中小企業を設定しています。また掛金について一定の金額以下となるよう条件を定めており、制度の利用についてはいくつかの制約がありま

図3-5 中小企業向けの「共済型」

共済型

- 中小企業退職金共済
- 特定退職金共済

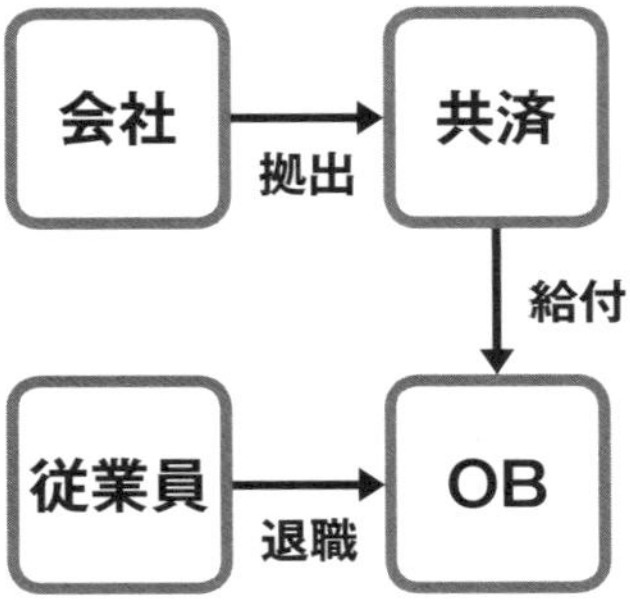

す。そのかわり、企業側は制度の運営コストや資産運用に関する管理負担を負わずに、共済にお任せすることができます。

また支払いについては退職者が共済に対して直接的に支払いの請求を行い、直接給付を受けることになります。

○「確定拠出型」――月々の掛金を、社員個人の財産として外部保全

最後の4つ目のパターンが確定拠出型ということになります。これは企業型の確定拠出年金制度が該当します。**毎月の掛金が直接的に従業員ひとりひとりの財産として認識され、かつ外部保全される**ところに特徴があります。これは全従業員、全受給者（OB）の財産が一体的に管理運用される企業年金型の制度との大きな違いです。

積み立てられた資産の運用についても、従業員ひとりひとりが自分自身で自己決定を行い、その結果は自己責任になるところにも大きな特徴があります。つまり、会社は掛金を「確定的に拠出」し制度の運営をつつがなく行えば、最終的な給付額の責任を負いません。

確定拠出年金は、会社の負担は安定的にしつつ、社員にとっても受給権をしっかり保全

する機能があり、今の時代にもっとも適合した制度と考えられます。第4章ではその活用方法を詳しく見ていきます。

ところで、確定拠出型の1つのアレンジとして、「前払い退職金」という制度もあります。法律用語ではありませんが、ここで少し解説しておきます。

退職金というのはある意味、賃金の後払いの側面があります。本人が働いた労働力にかかる支払い原資の一部を毎月直接払ったりボーナスとして支払うのではなく、退職時まで繰り延べし「後払い」として支払う性格があるからです。しかし、退職給付制度を廃止したり制度の再編を行う時に、退職給付制度のための積立を停止し毎月の給与もしくは

図3-6 今の時代にもっとも適合した「確定拠出型」

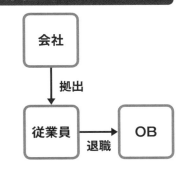

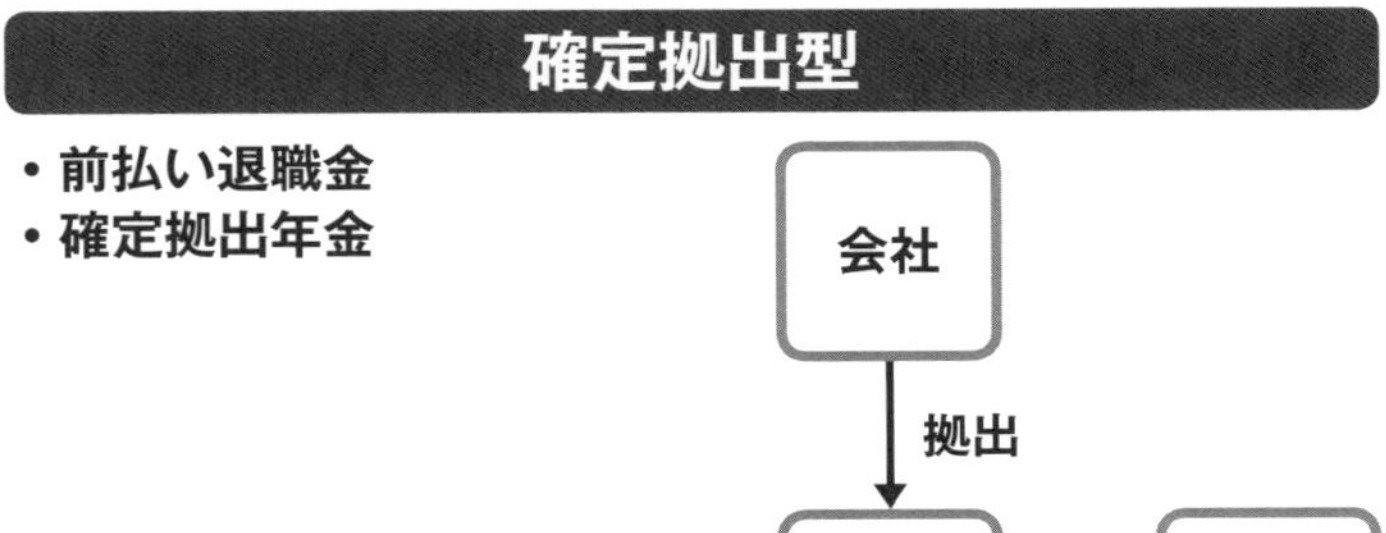

ボーナスに上乗せして支給することがあります。これを前払いの退職金といいます。

確定拠出年金では、社員に「確定拠出年金に入りたくないなら前払い支給を選択することもできる」と加入選択をさせることが可能ですが、こういう場合は「確定拠出型」の中で確定拠出年金制度（老後にもらう）か前払い退職金制度（今もらう）かを選ばせている、ということになります。

○4つの類型を知ると、議論はしやすくなる

退職給付制度の新設、あるいは現状の制度の改革を考えるとき、今説明した４つの類型が頭に入っていると議論はしやすくなります。

たとえば、中小企業退職金共済制度を選ぶか、自ら確定給付企業年金制度を設立するか検討したとき、「基本的な準備の考え方は同じだが、共済を活用するか自前で準備するかの違いだ」と整理ができます。

現在、確定給付企業年金制度（規約型）を採用していて、確定拠出年金制度を検討しているなら、資産運用と将来の給付に関する責任が大きく変化する、ということがわかるは

ずです。

実はこの4つの類型は法律用語ではありません。しかし実用的な区分としてシンプルにわかりやすい区分となっているため、私が研修の講師をする場合には必ずここから説明をスタートするようにしています。

企業年金の法制論議では共済型の制度を抜きに説明されることがあり、これを軸に解説書が書かれていることがあります。また金融機関のコンサルタントが、自分が販売できない制度については紹介から省いたりすることがあります。いずれの場合も、会社の経営者としてすべての選択肢を把握していないということになります。**すべての選択肢を俯瞰して理解しておくことが重要**だと思います。

金融機関の提案を受ける場合なども、自分の頭には4類型を入れておき、話を聞いていくといいでしょう。

４つの類型の違いがわかれば、制度の性格や特徴がすぐわかる

退職給付制度の４つの類型が理解できると、制度の特徴の比較もしやすくなります。制度の特徴を理解するときにも、この４グループで整理できるからです。たとえば図３－７のようにグループごとの特徴の違いが分類、比較できます。

退職給付制度を選ぶ際には、以下のようなポイントを検討しますが、４グループの整理で、「確定給付企業年金にするか確定拠出年金にするか、その違いは何か？」ということがスッキリするわけです。

【退職給付制度比較のポイント】

- **掛金の損金引き当ての有無**……事前準備について損金算入できることが望ましい
- **積立場所の違い（受け取る先）**……外部積立のほうが望ましい
- **退職給付会計適用の有無**……上場を目指すなら適用外が望ましい

図3-7 退職給付制度の4類型の比較

自己都合退職時に減額できるか

できる	できない
内部留保型	確定拠出型
企業年金型	共済型

運用責任を会社が負うか

負う	負わない
内部留保型	確定拠出型
企業年金型	共済型

中途退職時に一時金支給できるか

払える	払えない
内部留保型	確定拠出型
企業年金型	
共済型	

退職給付会計の適用を受けるか

受ける	受けない
内部留保型	確定拠出型
外部積立型	共済型

・**資金流用可能か**……積立資金を一時的に流用できるほうが(会社としては)望ましい
・**給付額の安定性**……給付額が先に約束されている場合、積立不足の解消は会社の責任となる
・**運用責任の所在**……運用責任を会社が負わないほうが負担は安定的になり望ましい
・**自己都合退職者について給付カット可能か**……自己都合で退職する中途退職者について減額可能なほうが(会社としては)望ましい
・**受け取り方法**……年金受取を選択できる(一時金でももらえる)など自由度が高いほうが望ましい
それでは制度の特徴を比較しながらチェックしていきましょう。

○掛金の税制上のメリット

退職給付の資金準備については、退職時に一括で準備するのではなく、従業員の勤続期間を通じて平準化したほうがよいと説明しましたが、それも事前準備の努力に税制メリットがあっての話です。制度を比較すると、税制上のメリットの違いは以下のようになりま

す。

事前準備に税制上のメリットなし
↓内部留保型
※ただし退職金保険は一部損金算入が可

毎月の掛金は全額損金算入可能
↓企業年金型
共済型
確定拠出型（の企業型確定拠出年金）

社員に所得税等の負担
↓確定拠出型（の前払い退職金）

独特なのは確定拠出型で、確定拠出年金を使うのと、前払い退職金では意味合いがまったく異なります。前払い退職金は賃金ないし賞与になりますから通常通り所得税が課税され、社会保険料も引かれますので、手取り額は大きく目減りします。一見すると手取りが増えたようにみえて喜ぶ社員もいますが、実はこれは大きな経済的損失です。

また、税制上のメリットとあわせて考えておきたいのは毎月積み立てられる上限額です。内部留保型の制度、企業年金型の制度については特に上限がありませんが、共済と確定拠出型の制度については毎月の拠出限度額があります。中退共などは月額3万円が上限です し、企業型確定拠出年金については月額5・5万円が限度です（確定給付企業年金等と併用した場合、半分の2・75万円に減額される）。

○どこに積み立てるか

もともと、ここで紹介している4類型は積立場所に着目して分類したものです。念のため、もう一度確認しておきましょう。

[社内] 内部留保型

［社外］企業年金型
確定拠出型

［共済］共済型

外部に積み立てる、という意味では企業年金型と確定拠出型は基本的に同じ位置づけになります。ふたつはまったく違う制度のようにみえますが、掛金は会社から切り離されて外部保全され、将来の給付のために用いられるという意味では同じコンセプトを共有しているわけです。もちろん、社外に積み立てるという点では企業年金型も確定拠出型も同じですが、確定拠出年金では掛金を毎月拠出するごとに個人の資産として認識、口座管理されます。

また、共済型は会社が制度運営を行わず、共済団体に管理そのものもシフトします。共済制度は事務運営コストもその掛金に含まれていることになり別途負担がありません。中小企業にとってはこれも検討に入れておきたい要素です。

○退職給付会計が適用されるか

中小企業においては当面無関係であるものの、企業規模を拡大して株式上場を目指している場合、退職給付債務の問題は避けて通ることができません。**退職給付債務というのは、企業が銀行に借りている借金と同列に、社員に対する「将来支払う退職給付制度の給付額」を債務と見なして企業会計上認識を求められるものです。**

中小企業向けの簡易指針を例に簡単に説明すると、「社員が決算日に全員辞めた場合の退職金支払い額」－「実際に積立済みの資産額」＝「退職給付債務」というイメージです。上場企業の場合はもっと厳密に、社員に対してすでに発生している退職金の権利を将来にわたって推計、それを実勢金利で割り戻す等の複雑な計算を行います。

社員に対して将来支払い義務を負う退職給付制度は、会社にとっては債務であるという考えが退職給付会計の基本的な考え方で、そのための準備状況を精査し、不足分を会社の決算に負債として計上しなければならないのです。

上場企業の場合、この多少、あるいはその変動が企業評価にも影響し株価も左右するようになっています。

退職給付会計は適用されない
↓共済型
確定拠出型

退職給付会計は適用される
↓内部留保型
企業年金型

退職給付会計の観点では、退職一時金制度も企業年金制度も同じくくりになります。どちらも会社が退職時までその支払い義務を背負い続けることは変わらないからです。

もちろん、退職一時金はまったく資金のメドがなく、企業年金は資産の事前積立が行われているわけですから、企業年金型のほうが退職給付債務は少なくなります。運用が好調で利益が出ているような状態なら、ゼロということもありえます。どちらも適用されるといっても、資産の準備状況においてはふたつの制度の意味合いはまったく違ってきます。

また、確定拠出年金については退職給付債務とみなされません。これは掛金の拠出さえ行えば、将来の給付責任を会社は負わないからです。上場企業の多くが一部ないし全部を確定拠出年金に切り替えている理由の多くは、退職給付会計の問題を回避できるからです。なお、確定拠出型の前払い退職金が会社の将来の債務とならないのは、将来の退職金支払い義務を毎月精算しているようなものですから、これは当然です。

共済型にあたる制度も退職給付会計の対象外ですが、これは管理・運用・給付の責任を共済団体が担っているからです。ただし上場企業が中退共に加入し続けることは困難で（資本金額、従業員数の上限があるため）、退職給付会計対策に中小企業退職金共済制度を活用することは現実的ではありません。

○資金流用が可能か

中小企業においては、資金繰りは常に看過できない問題です。企業年金は、原則として会社の資金繰りに流用することを認められていませんが、逆にいえば、資金流用を認められる制度があればそれは一考に値します。そういう制度はないのか、確認をしてみましょう。

Column

確定給付型なのに会計上は確定拠出型になる制度がある？

2016年に「リスク分担型確定給付企業年金」という制度が創設され、確定給付企業年金でありながら退職給付債務を免れられる仕組みが誕生しました。ただし、これは従来の企業年金以上に掛金を多く負担しなければならず、企業の負担軽減とは言い切れないため注意が必要です。それこそリーマンショックが2年連続きても積立不足にならない程度の巨額の積立を義務づけられますので、通常の企業年金より掛金が5割増しになってもおかしくないくらいです。

その代わりに会社にとっては退職給付債務の対象外としてもらえるわけですが、負担増がそのメリットに見合うかは、現状では難しいところです。なお、リスク分担型確定給付企業年金を導入する際、リーマンショックのような相場の急落時が2年連続した場合、給付を引き下げることが認められます（制度発足時に引き下げ条件も予め労使合意することができる）。こちらは経営サイドにとってはちょっとだけメリットかもしれません。

［資金流用不可］企業年金型
共済型
確定拠出型
［資金流用可］　内部留保型（退職一時金）
内部留保型（退職金保険）

繰り返しになりますが、**法律に基づいて実施されている企業年金型、確定拠出型、共済型は資金流用ができません。**確定拠出型に分類している前払い退職金は法律はないものの、本人に現金払いしている以上会社の資金流用の対象外です。

退職一時金については事前準備について税制上の恩典がない代わりに、事前にどのような使い方をしようと勝手です。かつて税制上のメリットがあった時代には退職金の準備資金を会社の不動産や工場の工作機械、短期的な資金繰りなどに流用していました。

退職金保険についてはすでに少し触れていますが、契約者貸付を受けることができますので、社員の退職金を計画的に積み立てておいたものの資金繰りに苦しんだ場合は、一部を一時的に流用することができます。
ただし、翌月にこれをきちんと返金しておかないと、実態として事前積立は行われていないことになってしまいます。退職金保険を活用している場合であっても、貸付は最後の切り札と考えておくくらいが妥当です。

○運用責任を誰が負うのか

資産運用の責任を誰が負うのかは、確認をしておきたい重要な項目のひとつです。また誰かに任せていても、その不足が生じた場合は、結果として会社が差額補てんを求められる場合もあります。この点も実務的視点から確認しておきます。

会社が運用責任を負う
↓**内部留保型**
企業年金型

共済が運用責任を負う(が不足は結局会社が負う)

↓共済型

社員が運用責任を負う

↓確定拠出型

この中で、退職一時金や確定給付企業年金について会社が運用責任（つまり最後に支払う額の準備責任）を負うことについては、あまり違和感がないと思います。また、確定拠出型については社員が自己責任で運用判断し、結果責任を負うことも理解できると思います。

ちょっと注意したいのは、共済型の運用責任の所在です。共済は共済団体が運用方針を定めており、資産運用を行っています。高いリスクはとらないように制限があるものの、一部を株式や外貨建て資産に回して運用しており、必ずしも安定的な収益が得られるとは限りません(１００％安全な運用をすれば超低金利のため、これまた利回りは低くなる)。

たとえば中退共は年１％を約束しつつ、実績がそれを上回った場合は毎年度利回りを乗せるという考え方で運用をしています（積立不足がある場合は超過分の半分はその解消にあてる）。これはつまり、中退共も実際の運用利回りは大きく変動するということです。

もしあなたの会社の退職金規程が、「中退共からもらえる金額があなたの退職金」とだけ書いてあるなら、中退共の運用責任の結果は社員だけが負います。これを退職金規程の「外枠式」といい、詳しくは第4章（112ページ）で解説します。しかしほとんどの会社ではこういう退職金規程にしていません。

多くの場合、「X万円が定年退職者の退職金で、中退共から支給をまず受け、差額を会社が現金で支払う」としてあるのです。このケースは退職金規程の「内枠式」といい、こちらも第4章で改めて解説します。つまり、**退職一時金と中小企業退職金共済制度を組み合わせ、差額を会社が退職一時金として支払うという規定です。**

この場合、中退共の運用が低調であった場合は会社の準備額が増えるということになります。運用を任せているといっても、最後の責任は会社が負っているのです。

○自己都合退職の場合、減額できるか

退職金を払う経営者の一般的な感覚として、「自己都合で辞める中途退職者にはペナルティを与えたい」という理屈があります。これは経営者の根強いニーズのひとつです。

一般的な退職金規程では、「定年退職者」「会社都合退職者」「自己都合退職者」の3つについて支給額を調整することが多くみられます。定年退職者については会社都合退職と同義とする場合が原則ですが、若年層の自己都合退職者については一定の減額を行うのが標準的です。東京都産業労働局の調査などでは、勤続10年の離職者は3割ほど、定年間近(55歳頃)は1割ほどの減額にしていたそうです。

会社としては、人的投資をしながらも十分に貢献してくれなかった人材の流出についてのペナルティ機能であったりします(逆に50歳以降は自己都合で辞めても会社都合と同額を支給する、というようにペナルティ機能を解除し、むしろ離職を促すこともある)。

しかし、自己都合退職について減額できない制度もあるのです。

自己都合退職者の減額が可能

↓内部留保型
企業年金型

自己都合退職者の減額が限定的に可能

↓共済型
確定拠出型

退職一時金などの内部留保型の制度、確定給付企業年金などの企業年金型は、きちんと退職金規程や企業年金規約に定めておくことで（労使の合意があって）、自己都合退職者に対する減額ルールを定めることができます。勤続年数に応じて減額割合を調整するのが基本です。

会社に損害を与えた場合など懲戒解雇を行うことがありますが、こうした場合には全額を不支給とすることもできます。これも予め規定しておくことで有効になります。

ところが、**共済型と確定拠出型の制度については、こうした自己都合退職者への減額は限定的にしか行えません。**

まず共済型の場合、毎月の積立を行ったあとの支給については共済と退職者の間で行われるものであり、本来的には会社の離職事由を給付に反映させることができません。ただし、懲戒解雇など深刻な事態に際しては会社側が減額の申し立てをすることができます。中退共などがその判断を行いますが不支給ということはなく、せいぜい4割程度の減額にとどめると言われています（決定は厚生労働省と中退共が行う）。また、減額された分が会社に還付されることはありません。その金額は中退共が預かるので、ペナルティを科したところで会社は掛金を回収できるわけではありません。

確定拠出年金制度は、退職事由や懲戒などにかかわらず原則として支給額を変えることができません。自己責任で資産運用までさせているのに、会社の判断で給付額を減額することは認めない、というスタンスに立っているからです。

ただし、確定拠出年金制度も「勤続3年未満」の退職についてのみ掛金額相当の返還を求めることが可能です。これは規約に定めた場合のみ有効で、勤続3年を超えた場合はどのような場合であっても全額を支給しなくてはなりません。また3年を超えて返還規定を定めることもできません。一般的な会社では「勤続3年」から退職金を支払うことが多いことから設けられたルールで、確定拠出年金制度でも同様の規程を設けることが多いようです。

経営者は中途退職者へのペナルティというものをかなり重視しているようです。ある中小企業経営者に、私が確定拠出年金のこの特徴を告げたところ、確定拠出年金制度の検討を即座にストップしたケースもあったほどです。懲戒の機能だけを考えた場合、退職金の不支給よりも会社に与えた損害については実額を請求することがあり得る、つまり退職金額以上の賠償もあるのだ、と規定したほうが、本当は社員のリテンションを強くできるのですが。

○中途退職時に受け取れるか

前項では中途退職者減額の可否について述べましたが、そもそも中途退職時に支給できるかどうか、という論点もあります。

中途退職者にお金を渡さない、という意味がよくわからないかもしれませんが「確定拠出型」の類型だけが、ユニークな仕組みとなっています。

中途退職時に受け取りが可能
↓内部留保型
企業年金型
共済型

中途退職時に受け取りは原則的に不可
↓確定拠出型（確定拠出年金）

そもそも中途退職時に支払いが発生しない
↓確定拠出型（前払い退職金）

退職一時金（内部留保型）、企業年金型、中退共（共済型）など3つの類型に属する制度はみな、中途退職時に現金を支給することができます。なお、退職一時金は、必ず退職時に「現金」を「一括」で支給しなければなりません（賃金支払いの原則に準じる）。

確定給付企業年金は、加入3年を経過した場合に一時金として退職時に受け取る権利が必ず生じ、加入20年を経過した場合に年金として60歳以降に受け取る権利が必ず発生します。もちろん加入20年以上で中途退職した場合は一時金で受け取ってもいいので、基本的に中途退職時に一時金をもらうことは可能です。

中小企業退職金共済制度も中途退職時に共済に請求することで一時金を受け取れます。

ところが、確定拠出型のみ中途退職時に支払いが生じない仕組みとなります。まず、前払い退職金については、在職時に退職金の原資を給与や賞与に上乗せして毎月、もしくは賞与として受け取っていますので、中途退職時に何かを受け取る関係が生じません。

確定拠出年金制度の場合、法律の仕組みとして「60歳以降の受け取り」を設定しています。中途退職をした場合、個人型の確定拠出年金制度に資産を移すか、転職先の企業型確定拠出年金に資産を「必ず」移さなければならないのです。ですから、独立開業などの資金に使ったり、しばらくのんびり無職生活を過ごすための資金にしよう、ということはできないわけです。

それでも今までは結婚退職して専業主婦になり、資産額が50万円以下である場合などは脱退一時金として受け取る余地がありましたが、これも2017年1月から廃止されました。

もし、**労働組合等から「中途退職時に現金を受け取れない制度は認められない」と主張された場合、100%確定拠出年金制度とすることは難しくなります。**この場合は、「中退共50%、確定拠出年金50%でどうか」と複数制度の併存を検討し提案することになります。

○受け取り方法を選べるか

次は受け取り方法です。年金もしくは一時金の区別は単純ですが、具体的にみるとかなりの違いがあります。

一時金のみ
↓内部留保型

一時金か年金を選択する
↓企業年金型
共済型

確定拠出型（確定拠出年金）

そもそも退職時に支払いが発生しない
↓確定拠出型（前払い退職金）

退職一時金制度がその名の通り「一時金」の方法しか選択できないのは当然です。人事部長だからといって自分だけ年金払いにすることはできません。

企業年金型の制度は年金受け取りを前提としつつ、一時金での受け取りも選択できるようにするのが一般的です。年金と一時金の配分を25％刻みで決められるようにしているケースも多くみられます（1000万円の支給額を25％は一時金で受け取りローン返済に用い、75％は年金で受け取り生活資金に用いるなど）。

企業年金型の制度が年金受け取りをどう設定しているかは規約によります。かつて厚生年金基金では終身年金があることがルールでしたが、現在主流となっている確定給付企業年金制度は有期年金の制度設計を主流としています（有期年金と終身年金の2本立てとすることもある）。支払い開始については、60歳定年退職時とするケース、60歳もしくは65

歳の完全リタイア時を選択できるケースなどがみられます。有期年金は受け取り期間中に亡くなられた場合は残額を精算して遺族に支給します。終身年金は保証期間中に死亡時には残額を精算して遺族に支給、保証期間を超えてからの死亡時には給付を打ち切るのが一般的です。

中退共については年金のように分割払いで受け取ることも可能としていますが、ほとんどの人は全額を一時金として受け取っているのが実態です。

確定拠出年金制度は、受け取りの自由度を相当高く設定できるのが特徴です。まず受け取り開始時期は、60～70歳の任意の時期を個人が自分の希望で定めることができます。継続雇用等を勘案して60歳からもらっても、65歳からもらってもいいのです。年金と一時金の比率についても選択できます（25％刻みとすることが多いが、1％刻みで自由に決められることもある）。さらに、年金については5～20年の支給期間を選べるほか、年間の支給回数（年2回もしくは年6回など）も指定できる細やかさです。ただ、実態として9割以上は一時金で受け取っているようです。

○給付の約束をカットできるか

最後は給付の引き下げについてです。企業の業績が右肩上がりで景気も良かった時代には、給付額は増額改定していくものでした。インフレもありますので増額改定はむしろ必須でもありました。

しかし時代は変わり、給付額のアップどころか、給付額の引き下げを行う必要があるケースも増えてきました。たとえば企業の業績が低迷している時期には、全国的に多くの企業が退職給付水準を引き下げました。民間の退職給付水準の低下に合わせるという名目で、公務員も400万円以上の金額引き下げを行っているほどです。

ところが**給付減額については無条件で行えるわけではありません。**減額改定について厳しい制度もあります。

引き下げ可能
↓内部留保型
企業年金型

将来の掛金のみ引き下げ可能

↓共済型

確定拠出型

退職一時金と確定給付企業年金は、給付の引き下げが過去にさかのぼって実施可能です。ここでいう「過去」というのは制度改定前の勤続期間に相当する退職給付の支給水準を見直せるか、という意味です。たとえば59歳の社員が制度改定の対象となった場合、実際の支給額が確定する直前に行われたなら、定年退職時には給付がダウンすることになります。もちろん、手続き上は労使合意が必要になります（不利益変更についても必要性を争うことになる）。どうしても合意が成立しない場合は「55歳以上は現在の制度の支給額を保証する」というような経過措置を設けることもあります。

これに対し、共済型の制度について会社が過去の積立分についての減額を求めることはできません。可能なのは今後の積立額についての「今まで課長は1万円だったが、来月からは8000円とする」というような引き下げのみです。

これは確定拠出年金も同じ考え方です。積み上げられてきた過去の資産（とその運用益）

に相応する部分について、会社がさかのぼって引き下げを行うことはできません。こちらも将来の掛金額についてのみ引き下げの交渉を行うことが認められます(これも労使合意が必要)。

さて、ここまでいろいろな特徴を横軸で比較してきました。こういう比較で退職給付制度を解説した類書はほとんどありません。一般的な制度入門書では制度ごとに特徴が書かれているからです。しかし、特徴ごとに横断して理解したほうが現場の視点としては便利ではないかと思います。制度ありきの議論ではなく、経営者の「こうしたい」「こうしてもいいのか」という着眼点から退職給付制度を検討することが大切だからです。

複数の制度を組み合わせて自由に設計できる

ところで、制度によっては採用したくてもできない、ということがありえます。

制限があるのは確定給付企業年金（基金型）と中小企業退職金共済です。

基金を設立したい場合、加入者の数が３００人「以上」いることが求められます。ただし規約型の確定給付企業年金であれば、ここまで厳しい人数要件はありませんので企業規模を問わず設立が可能です。

中退共の場合、逆に従業員数もしくは資本金額で一定基準「以下」であること（つまり中小企業であること）が求められます。業種によって基準が若干異なります。詳しくは第４章の図４－10（１５６ページ）の通りとなっています。

なお、中小企業退職金共済制度を利用していた会社が企業規模の拡大に成功した場合、確定給付企業年金か確定拠出年金を設立し、資産を引き継ぎさらなる企業の成長を目指していくことができます。

制度の併用や組み合わせの可否についても、ここで簡単に触れておきましょう。まず**原則として、４つの類型については同時に実施することも可能です。**また、企業年金型制度のうち厚生年金基金と確定給付企業年金を同時に実施することも、中小企業退職金共済制度と特定退職金共済制度を同時実施することも可能です。

まったく同じ制度を2つ実施することだけができないと考えておくとわかりやすいでしょう。確定拠出年金を2つ実施するとか、中小企業退職金共済制度に2つ入る、というようなことはあり得ないということです（まれに規約型確定給付企業年金と基金型確定給付企業年金を同時実施していることがあるが、これは特殊なケース）。

ただし、**確定拠出年金制度についてのみ、他制度との併用による制限が生じます。**企業年金型に属する厚生年金基金、確定給付企業年金と確定拠出年金（企業型）を併用した場合、確定拠出年金側の拠出限度額が引き下げられ月額2・75万円になる規制があるのです。退職一時金もしくは中退共と確定拠出年金を併用した場合（あるいは確定拠出年金のみ実施した場合）の限度額は5・5万円となるので、ちょっと不思議な規制です。

同時実施できるとはいっても、制度を複数走らせるということは管理も複雑になる、ということは無視できない要素です。一般的には3制度以上を同時に実施することはまれです。**1ないし2制度で退職給付制度をデザインすると考えるのがいいと思います。**2制度を活用する場合は、ここまで述べてきたような制度の違いを活かした組み合わせを検討してみるといいでしょう。

本書では確定拠出年金を軸にした制度設計を提案していますが、「確定拠出年金

１００％」という選択肢だけではなく、「中途退職者に少し現金を払ってあげたい」とか「中途退職者についてペナルティ機能を残したい」というメッセージを残したいのであれば、「確定拠出年金50％＋中退共50％」もしくは「確定拠出年金70％＋退職一時金30％」というように制度の組み合わせを勘案することで、退職給付制度全体でのバランスを考えることができるわけです。

複数の退職給付制度の組み合わせ割合については、まったく制限がありませんので、企業側の設計スタンスによって自由に組み合わせ割合を決定できます。

たとえば、退職一時金５：確定拠出年金５、のような比率で制度設計することも、退職一時金７：確定拠出年金３の比率で制度設計することもできるわけです。

大企業などでは、退職給付制度全体に占める確定拠出年金制度の割合は、３割程度が一般的です。これは労使交渉の際に「１００％自己責任というのは厳しすぎる」と詰め寄られて折衝した落としどころと言われます。一方でグローバル企業では、「海外の社員が確定拠出年金１００％であるのに、日本人だけ確定拠出年金３割とはいかない」と全面的に確定拠出年金にする例もみられます。

ひとつで万能な制度はない!
経営者は自社に最適な制度を「選び取る」

ここまで退職給付制度の概要をチェックしてきましたが、「要するにこの制度にしておけばいいという簡単な選択肢はないの?」と思う経営者もいることでしょう。実はその感覚は正しい理解です。ひとつだけで万能な退職給付制度はないのです。

会社にとってみても、社員にとってみても、この制度なら文句なしという制度はありません。どんな制度もメリットとデメリットが混在し、一長一短なのです。

むしろ、そういった特徴を勘案し、自社に最適な制度を選び取る感覚が経営者には求められます。会社のニーズや社員への人事メッセージとして、どの制度を選ぶかが問われているのです。

金融機関のセールストークだけで制度は決定するものではありません。制度の選択、制度の割合の決定は、退職給付制度にこめた社員へのメッセージであることを強く自覚し、制度改定をこれから考えていくべきなのです。

第4章

今ある退職金、企業年金制度をよりよく見直すアプローチ

古びた退職給付制度にどうメスを入れるか？
——まずは現状の把握から

本章では、今すでにある退職金・企業年金制度を見直していくためのアプローチを考えてみます。具体的な制度の活用も大切ですが、「そもそもどうしたいのか」という経営者としてのコンセプトを整理するところに力点を置いて考えてみたいと思います。

先代社長（つまり父親）が作ったまま、数十年は放置されている退職給付制度がしばしば見受けられます。また制度に5、6年前くらいに手が入っていると思っていても、適格退職年金制度が法律上終了することになったので確定給付企業年金に変更しただけで、基本的な制度設計はそのまま、ということもありますので油断はできません。

退職給付制度を見直すことは、なかなか大変な作業になります。しかし、錆び付いた制度が会社にとっての金食い虫になっていたり、社員を会社につなぎとめる求心力はゼロというのでは困った話です。

会社の業績に影響する工場施設を、錆び付いたまま放置する社長はいません。同じように、**あまりにも古くなりすぎて実態に即していない退職給付制度は社長が英断をふるって見直しをかけていかなければなりません。**社員から改革の声が上がることはないからです。

しかし、最初に行うべきことは簡単です。今の制度の現状把握です。まず、しっかり現状を理解することで、「これからどうしたいか」を考えるスタートラインに立てるのです。それでは、下記のような手順で制度の把握をしてみてください。

STEP1　規定そのものを自分の目で確認する

社内規定が保管されているボックスがあればこれを引っ張りだし、「就業規則」「賃金規定」「退職金規程」を発掘してください。企業年金制度に加入している場合は、当該制度の規約を探します。業界団体の厚生年金基金に加入していた場合などは、概略を解説したパンフレットのようなものを合わせて用意しておくといいでしょう。

会社に退職給付制度があれば、それに対応した規約や規定が必ずありますので、見つけ出してください。もし、電子化したデータがない（ワープロで印刷した控えしかないなど）場合は、相当古い制度が放置されているという証明です。人事労務担当の社員に入力をしてもらい、ワードファイルにしてもらいましょう。

まず、確認すべきは退職金規程です。ここには、退職金の支給対象となる社員の定義（正社員が対象で役員は除くなど）、支払い計算式、退職事由による給付額差の有無や減額率、支払い方法などが書かれています。

企業年金制度や中小企業退職金共済制度を採用している場合であっても、一般的にはまず「退職金規程」が全体を規定し、退職金の一部分（ないし全部）を企業年金や中退共で準備し支払うと書かれています。

このとき、**よく注目したいのは「約束した退職金額と中退共からの支給額との差分を会社が現金で払う」というような書きぶりになっている場合です。**これを内枠式などといいますが、要するに中退共の支給額だけでは退職金額の定めに不足する場合は会社が差額を補てんする、という意味になります。こういう書き方をしていた場合、「中退共ならば運用責任は共済側が負っているので、会社は積み立てさえすれば追加負担はしなくてもオーケーである」と教科書的に理解していたつもりが、実際には足りなかったということが起こります。

実は中退共を利用する中小企業の多くは、中退共１００％で退職給付制度を設計する意識がありません。「ひとまず何割かを中退共が用意してくれればそれでいい。退職時に全額資金調達するよりはずっと楽だから」くらいに考えているからです。特に中退共を利用している場合にみられる規定方法なので、「内枠かどうか」はよく確認したいポイントです。

退職金規程と企業年金や共済の給付を別個のものとして規定していることもあります。特に総合型の厚生年金基金の規約で支払う給付は、退職金とは別に設定していることが多いようです。こういう書き方は外枠式といったりします。

この場合、退職一時金と共済や厚生年金基

図4-1 中小企業退職金共済制度との併用「内枠式」とは

退職金規程

（支給額）－（中退共等の受取額）＝（会社負担の退職金額）

中退共　等

のような規定は、中退共の額が予定より少ないと会社が負担する額が増えることになる

金の給付とは独立しており、お互いに影響し合わないということになります。もちろんそれぞれの給付額について会社は責任を負うわけですが、差額の補てんのようなことは考えなくていいことになります。

なお、確定拠出年金は自己責任なので、基本的に補てんの問題とは無関係です。**退職金規程の内枠で確定拠出年金を規定することはありません**（もし内枠規定をすると、損をした場合は会社に差額補てんさせることができるので、みんなリスキーな投資をして大儲けをねらうことでしょう。会社は運用責任から逃れられないことになってしまいます。万が一、内枠規定になっていたらすぐに退職金規程を見直してください）。

図4-2 中小企業退職金共済制度との併用「外枠式」とは

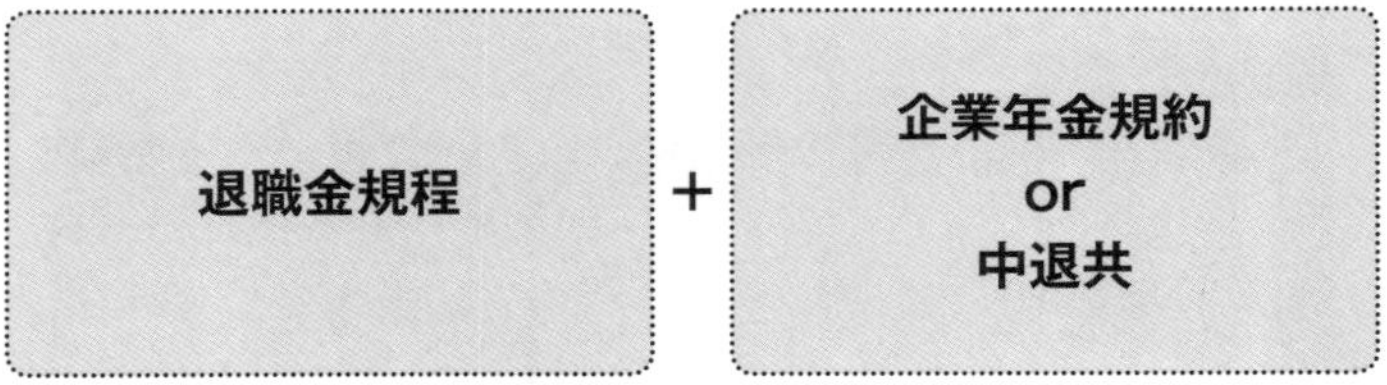

それぞれの給付は別個に定められて、
相互に関係しない

いずれにせよ、**外枠・内枠の問題は退職給付制度の選択の問題ではなく、退職金規程でどう記述するかによります。**しっかり退職金規程を読み込んで確認してください。

STEP2 支給額の算定方法を確認する

現在の退職給付制度の支給額の算定方法を確認します。複数の制度を採用している場合はそれぞれに計算方法が書かれているはずですから、それぞれチェックしてください。

退職給付制度で定めている支給額の算定方式は、基本的に以下の3パターンのいずれかになります。

A　最終給与比例方式
B　勤続年数比例方式
C　ポイント制

A　最終給与比例方式

このタイプの支給額計算方式は、古い制度の典型的パターンです。計算式を簡単に示すと、

（退職時の基本給）×（勤続年数に比例する支給係数α）×（退職事由によって支給額を調整する係数β）

ということになります。たとえば定年退職者について1000万円支払うモデルがあった場合に、標準的60歳到達者の基本給が50万円だとすれば、

50万円×20×1.0＝1000万円

というように定義されています。

係数αはモデル退職金と最終給与とのバランスで決定し、表であらわします。「勤続年数3年未満はゼロ、3～5年は2……定年退職者は20」というような感じです。また、一般

的には勤続年数に比例して係数を増やすわけではなく、最初はあまり増えず、40代後半くらいで係数を一気に高め、50代中盤からはほとんど据え置きにします。俗にいうS字カーブというものです。

たとえば係数10（定年退職時の半分）に達するのは40歳ではなく45歳にして長期勤続を有利にしたり、55歳くらいで係数は19か20くらいにして、いつ辞めても不公平にならないようにしたりします（要するに、辞めてもいいよというメッセージを送る）。

係数βは簡単にいえば、定年退職や会社都合退職時には1・0で、自己都合退職時は勤続年数によって0・7〜0・9まで調整することで部分的に減額するというような感じです。こちらも勤続年数で差をつけることが一般的で、「勤続年数5年未満は0・7、5〜10年は0・75…勤続30年超なら1・0」というように規定をします。係数αと同様に、勤続年数が長期にわたった場合、中途退職時のペナルティは少なくするのが一般的です。

最終給与比例方式は、計算が簡単になる点が中小企業にとっては使いやすい仕組みです。先ほどの**係数αの意味を簡単に言い換えれば「退職時給与の○カ月分が退職金」という意味になります。**退職時の給与の○カ月分を退職金として準備する、というのは管理も感覚的にしやすいわけです。

図4-3 退職給付制度の支給額の算定方法
「最終給与比例方式」とは

【基本的な計算式】

退職時の基本給 × 勤続年数に比例する支給係数α × 退職事由によって支給額を調整する係数β

最終的な賃金額が退職金額を左右する決定要因（退職直前に減給すると退職金にも影響）

勤続年数が長い人ほど多く支給する（一般には比例ではなく20年前後の勤続を超えると一気に増やす）

自己都合退職者は一定の減額を行う（勤続期間が長い場合は減額率は少なくする）

【計算式の例】

50万円 × 大卒 勤続38年 20 × 定年退職 1.0

＝ 支給額 1000万円

【問題点】

定年まで賃金を上げ続けるしかない

退職直前の賃金にほとんど左右される

また、インフレ時には基本給が増えているはずなので、退職金の計算式を何もいじらずに退職金額の増額調整を行えるメリットもあります。

一方で、給付額が最終給与に縛られることがデメリットです。定年退職直前が勤続期間を通じて一番高い給与にならないと、社員は退職金額で損をしますので、年功序列的な賃金体系にせざるをえません。55歳で役職は外れてもらい、その後5年間は給与を下げるような人事制度を採用したい場合、この退職金規程では何らかの措置が必要になってきます。

B　勤続年数比例方式

次によくあるタイプの退職金計算方式は、勤続年数に比例して退職金額が増えていくような規定方法です。単純に計算式を書けば、

（勤続年数）×（勤続1年あたりの退職金額X万円）

ということになります。たとえばモデル退職金は1000万円だと考えている会社があったとして、勤続38年の人にその1000万円を支給したい場合、「1年あたりの退職金

額X＝1000万円÷勤続年数（38年）＝26・3」ですから、Xは26・3万円として退職金規程に書きます。

最終給与比例方式のところで（退職事由によって支給額を調整する係数β）というものを紹介しましたが、これを末尾につけて、

（勤続年数）×（勤続1年あたりの退職金額X万円）×（退職事由によって支給額を調整する係数β）

とすれば、勤続年数に比例した退職金額だが、自己都合退職者は減額する規定ということになります（勤続3年で初めて退職金を払う場合などは、退職金規程に「勤続3年以上で退職した者に退職金を支給する」と規定する）。

勤続年数比例型の退職金制度の特徴としては、とにかく計算式がわかりやすいことと、在職中でも受取額がイメージしやすいところにあります。30歳や40歳の社員にとっても「今のところ自分の退職金額はこれくらいかな」と当たりがつけやすい制度です。

気をつけなければならないのは、この方式を単純に制度化すると、役職に関係なく長く

働いた人ほど退職金額が多くなる、という関係になってしまうことです。

極端な話、大学院卒（たとえば25歳）で60歳まで働いた人と、中卒の15歳から60歳まで働いた人は、後者のほうが10年分長く働いたことにより退職金額が多くなります。先ほどの係数で計算すれば、２６３万円の差がつくわけです。

支給額について、経営者として納得できるならそれでもかまいませんが、多くの場合、社員にも社長にとっても不満が残る制度になります。**会社に対する貢献度が退職金額に反映されず、とにかく勤続年数だけで判断するわけですから、違和感が出るのも当然です。**

こうした制度は、数十年前にとりあえず退職金規程を作ったものの、そのままずっと放置されていた、というような会社にしばしばみられます。定年退職者がほとんどいない時期に退職金規程を作り、実際には退職者がほとんど発生しなかったので、経営者にはあまりリアリティがないまま放置されてしまったというわけです（勤続5年くらいで退職者が出たとしても、自己都合退職者は3割くらいカットするので、まあそんなもんかと支払っていたりします）。

会社が企業規模を拡大し、新卒採用を増やしてから30年以上たつと、勤続38年のモデル退職金を支払うケースが増えてきて、会社としてもその金額の重さに焦り、制度改革をす

図4-4 **退職給付制度の支給額の算定方法「勤続年数比例方式」とは**

【基本的な計算式】

勤続年数	×	勤続1年あたりの退職金額X万円	×	退職事由によって支給額を調整する係数β
長く働くほどに退職金額が増額する（貢献度合いは考慮されない）		退職金額の増え方は直線的（勤続年数に比例）		自己都合退職者は一定の減額を行う（勤続期間が長い場合は減額率は少なくする）

【計算式の例】

勤続年数38年（大卒） × 26万円 × 定年退職1.0 ＝ 支給額約1000万円

【問題点】

勤続期間中の貢献度合いはまったく反映されない

長く働くことだけで支給額が左右される

ることになります。できれば、自分の会社がこういう制度である場合は即座に改定を行いたいところです。

C ポイント制

これは在職中の会社への貢献度合いをポイント化させ、累積したポイント数に単価をかけて退職金額を決定する方法です。近年流行している仕組みで、比較的最近に一度、退職金制度のてこ入れをした会社では、ポイント制退職金の割合が高くなります。

ポイント制の特徴は、**能力主義や実績主義を反映させやすい**ことです。最終給与比例方式や勤続年数比例方式ではどうしても、長く勤めた社員や最後の最後だけ給与が高かった社員が有利になります。ポイント制であれば、30〜40歳代にかけての頑張り具合をポイントで差別化し、最終的な退職金支給額に還元することができるわけです。

一般的には、

「在職中の累計ポイント数」×「ポイント単価（1万円のことが多い）」

という計算式にします。

職階級ごとに設定したポイント（職能ポイント等と名付ける）と、年齢や勤続年数に応じて付与されるポイント（勤続ポイント等と名付ける）とを組み合わせることが一般的です。たとえば、「勤続年数1年ごとに毎年10ポイントを付す」とすれば38年勤続すると380ポイントが貯まります。「勤続年数20年を超えた場合さらに年10ポイント追加する、とすれば長期勤続者についてはさらに180ポイントが加わります。

職能ポイントについては新卒採用者が年10ポイント、係長に昇格したら年20ポイント、課長が年30ポイント……のような形で設計します。各社ごとに職階級の種類や昇格モデルは異なりますから、職能ポイントの累積がどのくらいになるかは自社に合わせて制度設計します。

仮にポイント単価が1万円の会社においてモデル退職金が1000万円であった場合、標準労働者の昇格昇級にもとづき得られるポイントの累計が1000になるように設計されます。

職能ポイントは早く昇格した人ほどたくさん貯まりますから、20歳代や30歳代で早く昇格して責任のある仕事を果たした人は、標準モデルの1000ポイントより多く獲得し、その分退職金額も増えることになるわけです（逆に、昇格が遅かった場合は標準モデルより少ない退職金になります）。

職能ポイントを厚く配分すれば能力主義的要素が強まりますし、勤続ポイントをそれなりに配分すると退職金の実績主義連動には手加減をしているということになります。先ほどの例だと勤続ポイントだけで560ポイントたまりますから、能力主義に偏っているとは言いがたいようです。

支払い単価の部分については制度スタート時にはわかりやすく1万円とすることが多いようです。この支払い単価部分については、将来物価が上がったとき、1万1000円に改訂する、というように変化させることで、世の中のインフレ時に簡単に退職金額を増額調整することができます（あるいは据え置きする選択肢も残すことができる）。

ポイント制退職金にしておくと、55歳くらいで賃金引き上げを打ち止めにしたり、むしろやや引き下げるような人事政策を打つこともできます。最終給与比例方式だと退職金引き下げになってしまうため、退職時に一番給与が高くなるような配慮をせざるを得ませんが、そういう心配はなくなります。

一方で、**ポイント制退職金を実施するということは、全社員について、在職期間中のす**

図4-5
退職金給付制度の支給額の算定方法「ポイント制退職金」とは

【基本的な計算式】

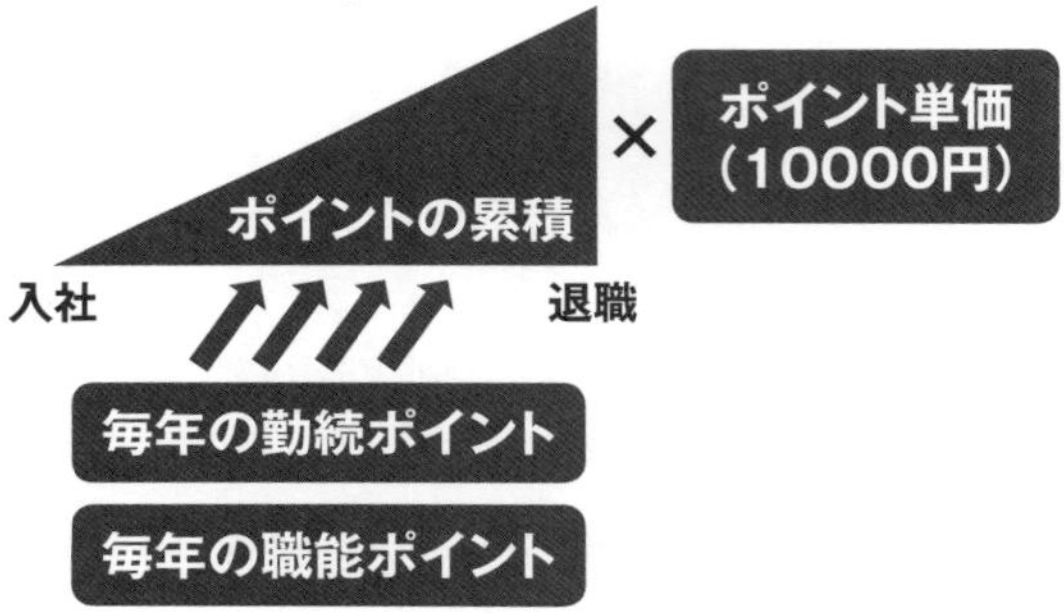

【計算式の例】

勤続38年（大卒）の
累積ポイント
1000

×

ポイント単価
1万円

＝

支給額
約1000万円

勤続ポイント
計560ポイント
職能ポイント
計440ポイント

【問題点】

勤続期間の貢献度を反映できるが制度が複雑

数十年にわたるポイント数管理の負担と責任

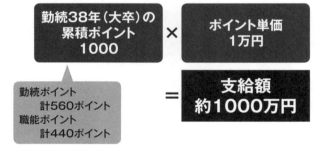

べての評価履歴を保存しなければならないということでもあります。これは中小企業にとっては重い負担になるかもしれません。

さて、自分の会社の退職給付制度の種類とその計算方法を知ることができたら、現状把握の後半のステップに進みます。

STEP3 モデル退職金額を確認する

3つめのステップは、平均的な定年退職者のモデル給付額の水準を確認することです。

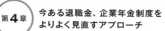

会社が初めて退職金制度を作るとき、「標準労働者のモデル退職金はいくらくらいにしよう」と先に考え、それを支払うためのルールはどうするか、と考えて退職金規程を作るものです。標準労働者というと難しいようですが、簡単にいえば「大卒22歳入社で60歳定年退職まで働いた平均的な社員」と思えば大丈夫です。

前述の最終給与比例方式の場合だと、支給係数αを20とするか30とするか定めることになりますが、「20か30か」にはあまり合理的理由はありません。「モデル退職金が1000万円で、平均的なケースで60歳時点のうちの社員は基本給50万円なので、『基本給の20倍』にしよう」というふうに最初に決めている数字であったりします（勤続年数比例方式でも基本的な考え方は同じ）。

そうなると、**「そもそもなぜ、モデル退職金はこの水準なのか」というところを考えるべきです。**先代社長に経緯を聞いてみると、退職金規程を創設した際に「同業他社のP社は定年退職者に〇〇万円なので、うちもそうしよう」と決めたとか、「経営者の集まりに顔を出したら、同じ地域のQ社さんはモデル退職金が〇〇万円だと話を聞いたから、うちもそうしよう」と決めたというような理由であることが多いようです。各都道府県の産業労働局がモデル退職金の調査をしていることもあり、こうした数値を参考にした、という会社もあります。

改革を目指す若手経営者の立場からすると、「モデル退職金はいくらか」「そのモデル退職金とした理由はどこにあるのか」を探ることは有意義です。先代社長が決めたモデルの理由がよくわからないなら、まずは本人に聞いてみるといいでしょう。もし聞き取りが不可能であれば、退職金規程を作ったときの労使交渉の議事録、社内報があるならそうした資料、または対外的な資料（新卒採用や中途採用時の説明資料など）にモデル退職金水準の記載を探してみてください。そして、その支給額を決めていた条件を確認します。

一般的には、「高卒、大卒」の２つあるいは「高卒、短大卒、大卒」の３つに学歴を分けてモデル退職金を設定するようです。

モデル退職金の把握は、退職給付制度の再編にあたっていろいろな課題整理につながります。

まず、今後の改革において「不利益変更」の有無を議論する際に常に頭に置いておくべき数字となります。**新しい制度の概要を説明し、労使合意を取り付ける際には新旧のモデル退職金を説明する必要があります**（下がらないとしても、下がらないと説明する際にモデルの例示を行う）。また、乱暴な水準引き下げを強引に行うと、労働基準監督署に入ら

図4-6 モデル退職金（定年のケース）の水準を確認しよう

高校卒	1219.1万円（29.8月分）
高専・短大卒	1234.5万円（28.7月分）
大学卒	1383.9万円（28.5月分）

モデル水準は同業他社の支給水準、同地域の支給水準も参考にしつつ「払える」金額にすることが大切

※退職金支給額の月数はモデル賃金換算
出典：東京都産業労働局「中小企業の賃金・退職金事情（平成26年度版）」

れたとき、制度改定の効力がなくなる場合もありますので、軽く考えてはいけません。

次に、モデル退職金水準の把握は、退職給付制度の水準が同業他社や同地域の他社と比べて遜色ないのか考える際の指標となります。これは採用面で後れを取らないために必要な退職金水準を確保する、という観点です。他社の水準を調べる以前に、自社の給付水準がわからないのでは意味がないわけです。

一方で、**そのモデル退職金の水準が実勢と近いかどうか**は経営者として着目しておきたいところです。というのは、現実に支払われている退職金水準より、モデル退職金水準がやや高い数字になっている、ということがよくあるからです。何らかのモデルを用いて標準労働者を設定するわけですが、現実の昇格昇級と合致していない場合、あるいは景気変動などの影響で、モデル退職金と実際の退職金の平均支給額がズレる、ということになるわけです。

この場合、ズレはズレとして把握しつつも、無理をしてモデル退職金を引き下げる必要はありません。大企業でも実態と乖離したモデル退職金をベースに労使交渉していることはよくあることです（それに、無理をして引き下げ改定を行い不利益変更問題になるのもややこしい）。しかし、なぜズレているのかは経営者として理解をしておきます。

複数の退職給付制度を採用している場合は、モデル退職金をベースに、どの制度から何割が支給されるのか整理をしておきます。たとえば、退職一時金と中小企業退職金共済を用いてモデル1000万円の退職金としているが、モデル上は500万円の退職一時金と500万円の中退共からの受け取りになっていれば、退職一時金50%：中退共50%となるわけです。

一般的には、掛金や退職金のポイントの配分時点で制度ごとの配分（先の例なら5：5）が成立していることが多いのですが、掛金の割合と給付の割合は必ずしも一致しませんので、受け取り時点の水準で割合を確認します。

業界団体等で実施されている厚生年金基金については金額ベースで大きなものとならないこともあってか、「会社の退職給付制度とは別個に社員に払う福利厚生的なもの」とノーカウントにする会社もあるようです。しかし給与に比例して会社が掛金を負担し、社員の老後に受け取らせる以上、会社の退職給付制度として水準の把握をしておきましょう（制度変更の際には補償をどうするか悩むことになります）。

退職給付制度の種類と割合の把握は、制度改革にあたっては大きなポイントです。現制度で6：4になっている2制度を、新制度で7：3にするようなことは抜本的な退職給付制度改定になり負担が重くなります。一般的には**現状の比率をベースに新制度の選択を行っていく**ことになるからです。６：４の比率は変わらないが、６の部分について退職一時金から確定拠出年金に変更する、といった感じです。

また、モデル退職金の検証の際にあわせて把握しておきたい項目としては、定年退職者以外の支給条件があります。

簡単にポイントを押さえておくと、以下のとおりです。

a. 一時金が支給される勤続年数
b. 自己都合退職の減額率（勤続年数に応じて）
c. 会社都合と自己都合退職の支給率が並ぶ年齢
d. 退職金の給付額が天井に達する年齢
e. 懲戒解雇者の支給停止の条件
f. （過去に実施していれば）リストラ時の中途退職者の支給増額規定

これらについては、どのような条件設定をしているか確認しておきます。簡単に解説しておきましょう。

a．一時金が支給される勤続年数……一般的には勤続3年を経過するまで退職金はまったく支給しないという会社が多く見受けられます。これは会社への貢献がほとんど生じていない社員については退職金を支給するに及ばない、という考えが根底にあるようです。ただし、こうした根拠は感覚ではなくあくまで規定の有無によります。きちんと規定しているのなら、勤続10年で初めて退職金を支払う制度でも問題ありません（ただし採用においてはマイナスになるでしょうが）。

ただし、企業年金制度によっては支給の最低年数の定めが法律上設けられています。確定給付企業年金を採用している場合は、3年以上の加入で必ず一時金支給を行わなければなりません。中小企業退職金共済の場合は勤続1年以上で退職金支給が行われます。確定拠出年金の場合は、規約に定めた場合のみ勤続3年未満の社員の掛金について返還を求めることができます（事業主返還規定）。

b. 自己都合退職の減額率（勤続年数に応じて）

……自己都合退職者については給付額を引き下げるのが一般的で、この場合、退職金規程等に勤続年数と自己都合退職の減額率を表にして記載されています。勤続年数が短いケースほどペナルティは厳しく、勤続年数が伸びてきた場合はペナルティを緩く設定するのが一般的です。東京都産業労働局「中小企業の賃金・退職金事情（平成26年度版）」の結果をもとに、大卒採用の場合の会社都合退職金額と自己都合退職金額の比率（減額率）を計算すると下記のようになります。

勤続10年　73・9％　（マイナス26・1％）
15年　77・6％　（マイナス22・4％）

図4-7 減額割合のモデルケース

●自己都合退職者の減額割合（大卒）

勤続年数	退職金額（単位：千円）		支給割合比	減額率
	自己都合	会社都合		
10	1,242	1,681	73.9%	26.1%
15	2,425	3,125	77.6%	22.4%
20	4,154	5,089	81.6%	18.4%
25	6,382	7,424	86.0%	14.0%
30	8,999	10,201	88.2%	11.8%
定年		13,839		

出典：東京都産業労働局「中小企業の賃金・退職金事情（平成26年度版）」

20年　81・6%（マイナス18・4%）
25年　86・0%（マイナス14・0%）
30年　88・2%（マイナス11・8%）

c. 会社都合と自己都合退職の支給率が並ぶ年齢……たとえば55歳などの年齢では自己都合退職の減額率はゼロになり、会社都合でも自己都合退職でも支給条件を同じにすることがあります。平たくいえば、「55歳以上なら、退職金で不利はないので、いつ辞めてもいいんだよ」という人事メッセージということになります。

d. 退職金の給付額が天井に達する年齢……支給率だけでなく退職金額の計算も一定年齢で打ち止めになることがあります。たとえば55歳から60歳のいつ辞めても退職金額は同一、というような規定です。ポイント制退職金や企業年金制度、確定拠出年金などでは在職中ずっと何らかの積み上げがありますが、退職金規程では打ち止めを設定することがあります（調べてみると、かつて55歳定年から60歳定年に引き上げをしたとき、雇用は5年伸ばすが退職金は55歳で打ち止めにする、とした改正の名残であったりします）。打ち止めしない場合もあります。

e．懲戒解雇者の支給停止の条件……懲戒解雇者については退職金不支給とすることが一般的ですが、これも定めがあっての話です。どのような定めをしているか確認をします。一般には就業規則に定める懲戒解雇の事項に該当する退職者（会社に損害を与えたとか）を退職金規程でも不支給とするよう定めます。なお確定拠出年金や中小企業退職金共済では懲戒解雇規定を定めることはできません。

f．（過去に実施していれば）リストラ時の中途退職者の支給増額規定……一般的にはリストラ時の退職金増額は期間限定で行われますので、退職金規程に残っていないかもしれませんが、過去に先代社長がリストラを行ったときの条件は跡継ぎ経営者として確認しておくといいでしょう。

STEP4 現在支払っている掛金額を確認する

次のステップでは、退職給付制度の運営にあたり現在かかっているコストについて確認をします。

まず、**退職一時金制度については実際に支払いに要している費用を、過去5年ほど確認をします。また、定年退職者の今後の見通しを10年ほどチェックし、毎年度何人くらい辞めていくことになるかモデル退職金で試算をしてみます**（社員の生年月日から推定できる）。

退職金の支給は定年退職者のみではありませんから、中途退職者についても過去の支給額の平均などから推定コストを算出します。

退職一時金のコストは実際に支払ったときに損金算入しますので、経費としては落ちるものの資金繰りには不安があります。問題意識として現在のコストと今後のコスト増の見込みを織り込んでいきます。特に5〜10年後くらいに支給額の増大が見込まれる場合（つまり現在50〜55歳前後の社員が多く在籍している会社の場合）、将来の資金繰りについて今から検討しておくべきです。

確定給付型の企業年金制度、中小企業退職金共済制度、確定拠出年金制度などについて

は、実際にかかっている費用として掛金額の合計をチェックします。基本的に毎月の給与等の一定率になるはずですが、きちんと人件費として今後も捻出できるか考えてみます。

確定給付型の企業年金（確定給付企業年金、厚生年金基金）については、過去に積立不足の問題が企業の負担増になったかどうか確認し、会社の負担増がどれくらい生じたか確認をします（積立不足が生じると、特別掛金等の名目で掛金を引き上げることがある）。また、企業年金の決算書類で、積立不足の状況を確認します（近年は積立不足がない企業年金が多数だが、追加の掛金で償却中ということもある）。

中退共に加入している場合は、中退共の支

図4-8 退職金制度にかかるコストを把握しよう

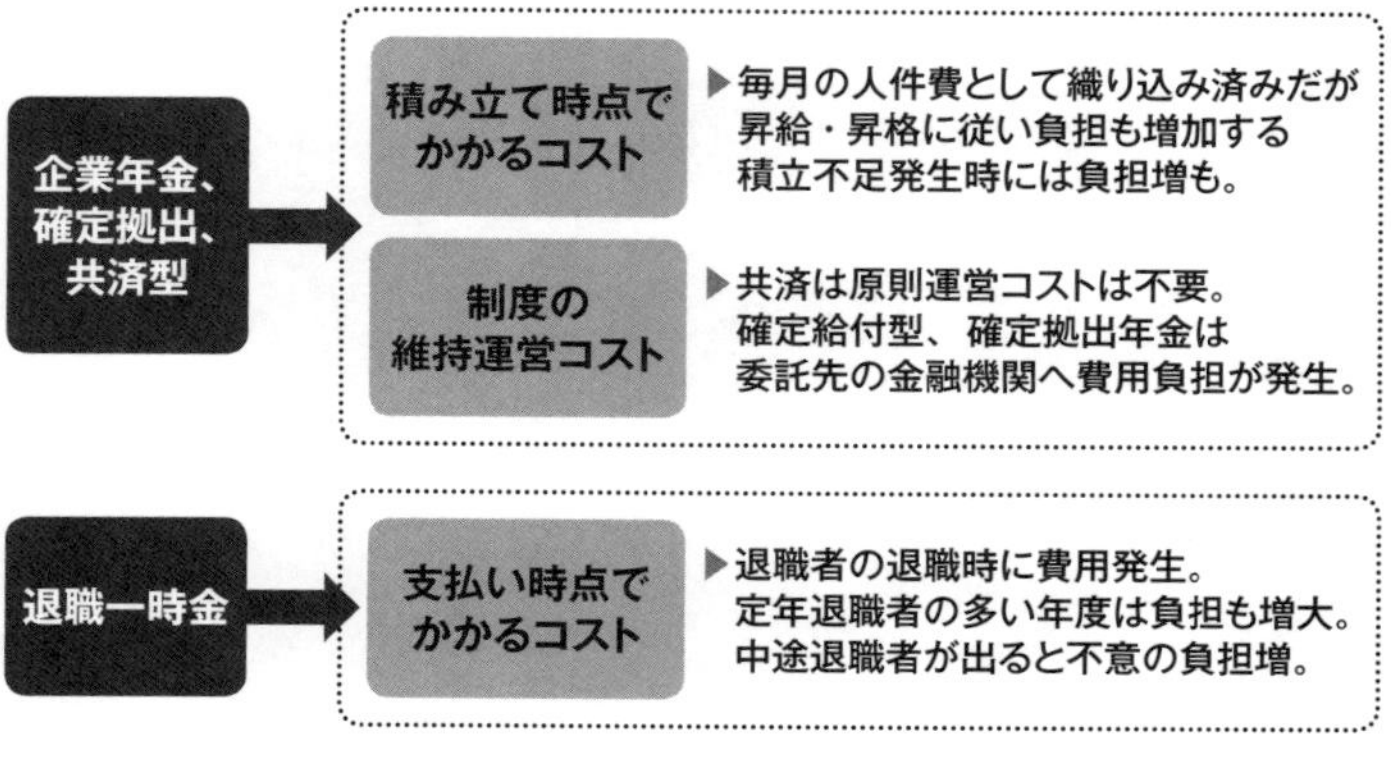
企業年金、確定拠出、共済型
積み立て時点でかかるコスト
▶毎月の人件費として織り込み済みだが
昇給・昇格に従い負担も増加する
積立不足発生時には負担増も。
制度の維持運営コスト
▶共済は原則運営コストは不要。
確定給付型、確定拠出年金は
委託先の金融機関へ費用負担が発生。
退職一時金
支払い時点でかかるコスト
▶退職者の退職時に費用発生。
定年退職者の多い年度は負担も増大。
中途退職者が出ると不意の負担増。

給額の不足を退職一時金で埋める規定（前述の内枠式）の場合、影響がどれくらいであるか検証してみます。中退共の利回りは現在年1％程度であり、退職金規程創設時の予想支給額を下回っていることが多いからです（2000年の頃は年3％、1996年は年4・5％、1991年は年5・5％と高利回りで、会社の差額補てんがあったとしても、少額ですんだ）。

こうした負担の現状把握については「これからどこまで負担をあげられるか」という議論に欠かせません。たとえば、確定拠出年金を採用すれば、将来の掛金の変動は回避できますが、現状よりも掛金を多く負担することになります（会社の運用ノルマより低い運用ノルマで社員に自己責任運用をしてもらうために、掛金を多く出してあげることになる）。もちろん、会社が維持できないような退職給付制度の負担というのは本末転倒です。現状と将来予測を見据え、会社の掛金捻出能力を確認することが制度改革の重要なポイントになります。

自分の会社の退職給付制度を変更するために
——社員のやる気を引き出すための制度へ

自社の退職給付制度について現状が確認できてくると、問題意識や不満が少しずつ明らかになってきます。これはとても大事なことです。何より、現状の問題点があぶり出された、ということですし、退職給付制度を新しく変えていく経営者としてのモチベーションになります。新しい制度の目指す目標を見極めていくことにもつながります。

このとき**「とにかく確定拠出年金を使うために制度を直そう」というような発想はＮＧです。**これでは制度ありきの改革になってしまうからです。大企業でも、制度改革がうまくいかないケースを振り返ると、「企業年金制度にかかる費用の圧縮のため確定拠出年金を入れる」とか「退職給付債務をゼロにしたいので確定拠出年金を入れる」というように結論ありきで制度改革を行っていたことが原因であったりします。経営者の鶴の一声に合わせて人事部が無理矢理制度を作り上げるから、社員の満足度にしわ寄せがきてしまうわけです。

確定拠出年金制度を採用することそのものはおかしな結論ではありません。確定拠出年金制度を採用することが納得のいくゴールということはよくあります。しかし、「どうして導入するのか」という人事制度上の目標が不明確なまま採用してはいけないわけです。これは社員との距離が近い中小企業の経営者ほど気をつけておきたいところです。

制度改革を目指す次のステップは「新制度の目標」の整理になります。

○「前からそうだから…」という理由は捨てる

退職給付制度の改革に際して、「今まではそうだったから」という発想はなるべく捨ててゼロベースで議論を行いましょう。

今までの制度の前提において、新制度でも残さなければならないのは、モデル退職金の水準くらいだと思います。1000万円のモデル退職金に準じて今まで支払っていた退職金規程を、退職金制度全廃とすることは原則的に認められません。不利益変更の問題はかなり厳格に扱われるからです。

もしも、あなたの会社が倒産の危機にあって、会社の存続と雇用の維持、給与支払いの安定を最優先するために退職金制度は廃止したいならば制度廃止も仕方ありませんが、社員との間で失った信頼関係（退職金の約束が反故にされた！）を回復するのは困難でしょう。

ただし、きちんと話し合いを行い、また代替的な措置を提示できるのであれば給付削減を実施することも不可能ではありません。たとえば、65歳までの定年延長を行い、現役時代と遜色ない賃金のままで5年長く働ける条件を提示したうえで、退職金を少し引き下げるのであれば、これはトラブルにならない可能性が高いはずです（いつかは65歳定年が義務化されるのでしょうし、中小企業はえてして人材不足です。能力のある高齢者を確保しておくことは悪い話ではありません。今のうちに退職金水準の適正化と高齢者雇用制度の改革をセットで実施しておくことをおすすめします）。

しかし、**モデル退職金水準以外の項目については「今までは」はあまり気にしなくてもかまいません。**そもそも確定拠出年金制度の採用に踏み切れば、「今までは」のルールはほとんどリセットされます。たとえば、

「受け取り額は社員ひとりひとりの運用によって変わる」

「社員はいつでも自分の残高をチェックでき、実際に残高が手当てされている」

「3年勤続すれば自己都合退職者について給付引き下げしない（懲戒解雇も）」

「60歳未満の中途退職者には一時金を払えない」などの変化だけでも、それなりに「今までの当たり前」を破壊する覚悟がなければ新制度の導入には至りません。

一方で、新制度においてもある程度「今までの」を残すことはできます。たとえば「退職一時金＋確定拠出年金」という組み合わせにしておけば、退職一時金部分においては自己都合退職者の減額を行えますし、60歳未満の中途退職者に現金を渡してあげることもできます。

経過措置を講じるようなことも実は裁量の余地があります。新制度の影響が大きい人たちに旧制度を部分的に残してあげたり、給付水準を調整したり、50代の社員に配慮を講じるようなことは、カスタマイズできます。

ですから、新制度を検討する最初に伝えしたいメッセージはこういうことです。

「頭をできるだけ真っ白にして、どんな制度にするべきか、どんな制度にしたいか、ということを〝これから〟を軸にして考えてみてください」

創業者はあなたの父親だったり祖父であったとしても、今あなたが社長なら、これからどうしていくかを決めなければいけないのはあなたです。退職給付制度は、自分が使う経営リソースだと考え、その最適化を目指すのです。

新制度の役割やねらいを再定義する――「3つのR」で考える

さて、頭を一度空っぽにしたら、新しい退職給付制度の果たすべき役割や社員へのねらいをできるだけ文字にして定義してみます。

退職給付制度には「3R」の役割があるといいます。経営者として、あなたは退職給付制度の意味をどう考えているでしょうか。

○R① リクルート機能

退職給付制度は採用時にその役割がある、という考え方です。たとえば、

- **同業他社、同地域の他社が採用しているから人材獲得競争上必要である**
- **新卒採用時に労働条件で見劣りしては困るので必要である**
- **中途採用時に退職金なしでは優秀な社員の転職が期待できないので必要である**

といった目的から退職給付制度を採用している、というものです。

これは人事として考えたときは「すでに働いている社員のため」、というよりは「これから働くことになる社員のため」つまり採用面における意味合いです。また、ちょっと後ろ向きの理由になりがち（他社もやっているから、など）ですが、一方で無視もできない機能になります。

経営者は一般的に、退職給付制度のコストを下げたいと考えても、制度を全廃したいとは言いません。それは、「退職金制度なし」と求人票に記載しては人材確保にマイナスにな

るのではないかと考えるからです。近年ではハローワークの求人票すらフィルタリング検索ができますが、「退職金なし」とすることで求人票への応募が激減する恐れがあります。なお、もう少し考えれば、**制度の有無だけではなく水準もリクルートの際に求められる要素になります。**特に中途入社する社員ほど制度の有無より水準を意識するようになる傾向があります。

○R② リテンション機能

退職給付制度は「引き締め」の意味合いがある、というものです。これは、

- **きわめて短期で離職する者については退職金は支払わない**
- **短期離職者については自己都合退職を理由として退職金の支給額を減らす**
- **一定の勤続年数(20年程度)を経過するまで退職金水準は低く抑える**
- **懲戒解雇者については退職金を支給しない**

といった要素を設定することで、社員がまじめに長く働いてくれることを企図するものです。あるいは、社員が社会的に不適切な犯罪行為をするようなことを強く戒めたり、会社に損害を与えたときの経済的損害を補うといった目的ともいえます。

これを少し意地悪な言い方をすれば「退職金は会社が預かっている人質」ということになります。社員がきちんと勤め上げることができたら満額支払うけれど、そうでなければ減らす（ないし不支給）というわけです。

私は在職中の社員に対して退職給付制度が目指すべき機能は、現役社員の働きがいや愛社精神を高めることではないかと思いますが、ペナルティ機能が存在するのも確かです。

経営者はリテンション機能について重視する傾向がありますが、かといってリテンション機能を強めすぎると「ケチな会社の退職金制度」という意味合いが強まり、社員に喜ばれる退職給付制度となりませんので、バランス感覚が必要です。たとえば自己都合退職時の減額率が40％以上というのは世間相場としては厳しすぎるでしょう。

なお、確定拠出年金制度は3年以上勤務すれば退職時に全額を渡すしかなくリテンション機能を望めなくなります。この場合、会社に損害を与えた懲戒解雇時の損害賠償規定を作るなどしてリテンション機能の穴埋めを別途行います。

○R③　リペア機能

最後の役割は離職時です。社員に気持ちよく退職してもらうこと、またその老後の生活費の一部をまかなうことが退職給付制度の役割であることは間違いありません。

日本の場合は定年年齢を定めることができますが、海外などでは定年を定めることが違法である場合もあり、こうした国では退職給付制度の水準を説明し「今辞めても生活には問題ないのだよ」と退職勧奨することから、リペア（引き剥がすといった意味合い）機能といいます。

日本でリペア機能が強調されるのは、むしろ**定年より早い段階での退職勧奨**でしょう。リストラを行う際に退職金の加算を行うことは一般的ですが、これも退職金があり、かつ増額されることで退職者は納得して辞めてくれるわけです。

3つのRで退職給付制度の意味を考えてみました。経営者は自分にとって、退職給付制度のどの役割に重みがあるか3つのRについて頭の整理をしてみましょう。100点を配分してみるのもいいでしょう。あるいは絶対に譲れない役割、ということを考えてもいいでしょう。

もし3つのRだけでは問題の整理に悩んだら、以下の課題やねらいについても新制度の目指すところを書き出してみてください。

（退職給付制度のコスト問題）

- **コストの不安定さの解消→平準化**
- **コストの不安定さの解消→運用リスクの低減**
- **コストそのものを引き下げる→給付引き下げ**

（退職給付制度の人事制度としての役割向上）

- **退職給付制度の算定方式の見直し→貢献度**

図4-9 退職金制度の目的は「3つのR」

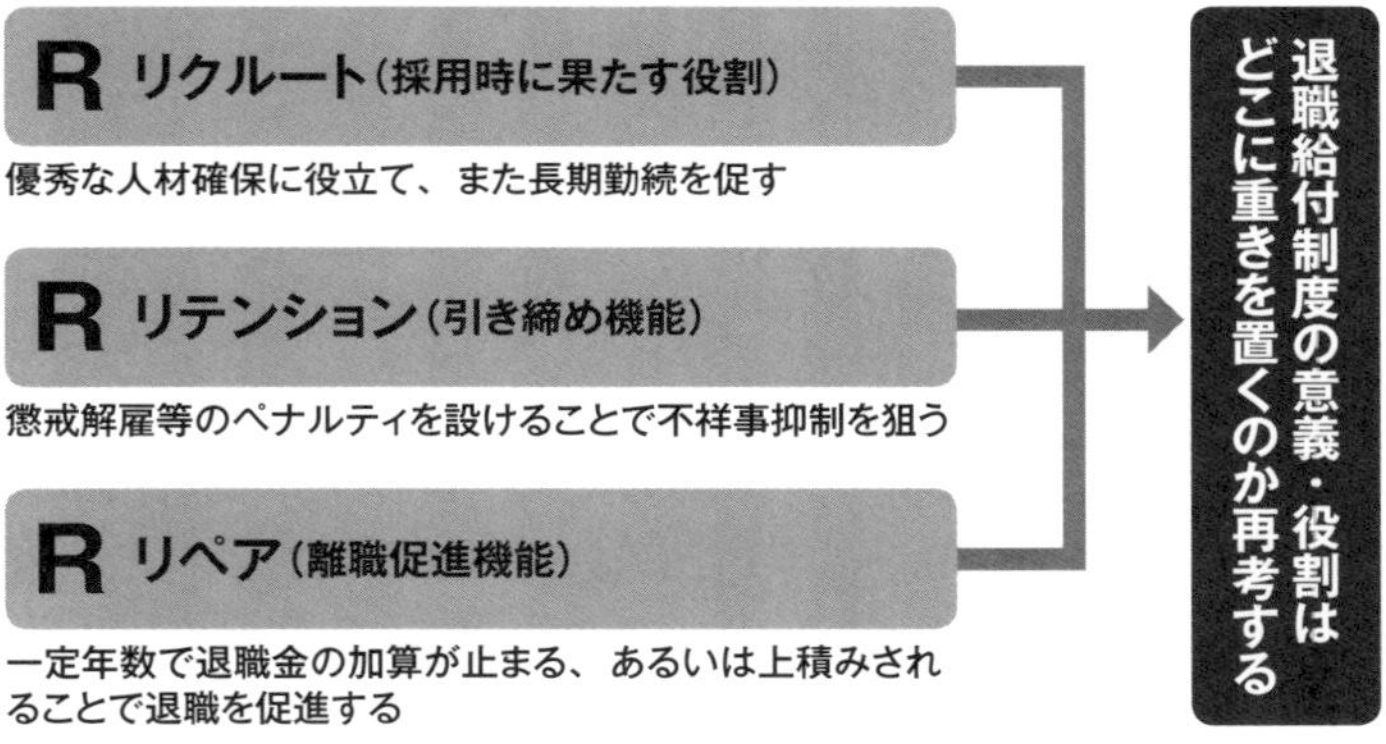
R リクルート（採用時に果たす役割）
優秀な人材確保に役立て、また長期勤続を促す
R リテンション（引き締め機能）
懲戒解雇等のペナルティを設けることで不祥事抑制を狙う
R リペア（離職促進機能）
一定年数で退職金の加算が止まる、あるいは上積みされることで退職を促進する
退職給付制度の意義・役割はどこに重きを置くのか再考する

合いに応じた給付に

●社員の労働インセンティブ・ロイヤルティ向上→制度の見える化

先に、「過去は忘れて頭を真っ白にして考える」といいましたが、現制度と比較をしていくと新制度の目標がはっきりと見えてくることもあります。中央に一本線を引いた用紙を手元に置き、左は「現制度」、右は「新制度」と書いて、それぞれの要素を記載してみてもいいでしょう。

使える選択肢を、目的別に比較検討する

ここまではあえて「○○制度」の名前をあげずに「こうしたい」を考えてきました。次に考えることは退職給付制度の選択です。実現したい目的があっても、新しい「器」がそもそもその目的を実現できないのであれば、採用する意味がありません。制度の特徴

と「こうしたい」がマッチするかを考えていきます。

○給付の負担について平準化を目指すための制度はどれか

退職給付制度の見直しにおいて、支払い準備負担の平準化を果たしたいと考えるのは、重要な項目です。もし平準化が果たされていない制度を維持するとすれば、将来的な負担急増のリスクが大きいからです。

現在、一部ないし全部を退職一時金制度で運営しているのであれば、「企業年金型」「共済型」「確定拠出年金型」のいずれかに制度変更すればコストは平準化していくことになります。

「企業年金型」「共済型（退職金規程の内枠で準備している場合）」については支払い負担の変動リスクが若干あります（詳しくは次項）。

ただし、掛金の平準化をはかる、ということは毎月の計画的な費用負担が生じるということです。退職時に一括資金準備をするのではなく、在職期間中を通じて社員のために人件費をプラスするということだからです。ただし、その費用については損金処理を全額認められるということになります。

○後発的な債務のブレ（負担増）をなくすための制度はどれか

「退職一時金」「確定給付型の企業年金」「共済」は、制度を運営していく中で負担のブレが生じます。退職一時金については退職者の増減によって毎年度費用が上下します。企業年金タイプと共済型の制度は運用状況が低迷して、給付のための資産が予定通りに増えてくれなかった場合、計算上約束していた給付額との差について補てんしなくてはなりません。

資産運用のブレは回避するのがなかなか難しい問題です。運用の利回りをゼロ％と見込めばブレはなくなりますが、この場合、退職一時金であった場合の給付額を全額分割払いで積み立てるようなもので、企業年金採用による負担軽減の効果はなくなります（すでに企業年金制度を採用している場合に、現状の予定利率を引き下げれば、運用収益を確実に得られる可能性が高まるものの、毎月の負担が大幅に増加することになります）。

確定給付型の企業年金（確定給付企業年金、厚生年金基金）の場合、運用の実績が計画を下回り積立不足が生じた場合、特別掛金として負担を増やして中長期的に償却をしていきます。中小企業退職金共済の場合は、年度ごとの運用実績によって付利される金額が変わってくるので、退職時の受取額をみて、退職一時金で差分を補てんすることになります（一般に用いられる内枠式規定の場合）。

もし、掛金拠出の負担がブレることを回避したいのであれば「確定拠出年金型」の採用を検討することになります。確定拠出年金であれば、毎月の掛金のみ負担すれば運用成績によって追加負担を求められることはありません（社員の自己責任になる）。

○自己都合退職のペナルティ機能を残すための制度はどれか

自己都合退職者について給付をカットする場合、「退職一時金」「企業年金型」は自由にルールを設計できます。確定給付企業年金は加入3年以上の離職について退職一時金を支払うよう求められますが、減額は差し支えありません。「共済型」は共済制度のルールに従いますが、基本的にはペナルティとしての減額はできません。

確定拠出年金については、勤続3年未満の離職者のみ会社が負担した掛金相当額を返還するよう求める規定が可能です（定めた場合にのみ有効）。しかし勤続3年を超えた場合、自己都合退職者へのペナルティは一切認められません（懲戒解雇でも不可）。

なお、退職金を前払いした場合は毎月の給与や賞与に上乗せして在職中に支払い済みですから、自己都合退職であろうと返金を求めることはできません。

あえて自己都合退職者へのペナルティ機能を残したい場合は、確定拠出年金を選べないことになるわけです（あるいは確定拠出年金を部分的に採用するにとどめる）。

○懲戒解雇の不支給を残すための制度はどれか

自己都合退職者と並んで、給付を減額したいケースとして懲戒解雇があげられます。懲戒解雇による退職者について給付をカットしたい場合、「退職一時金」「企業年金型」は自由にルールを設計できます。この場合、全額不支給とすることがほとんどです。「共済型」は共済制度側に申し出ることができますが、減額の判断は共済側が行いますし、減額されたとしてもそのお金は会社に戻ってくるわけではありません。

一方で「確定拠出年金制度」は、懲戒解雇を事由とした減額や不支給はまったく認められません。

新制度において確定拠出年金を採用する場合に限らず、懲戒解雇時の損害賠償にかかる規定を創設しておき、退職金は自己都合退職に準じて支払ってしまうほうがいいかもしれません。確定拠出年金導入企業では、きちんと裁判を起こす旨を別途規定することが多いようです。

むしろ、この場合のほうが退職金額以上の賠償を求めることも可能となり、会社の秘密情報の持ち逃げなどについては、より厳罰をもって臨むことができます。**退職金が担っていた3つのRのうちリテンション機能については、他の規定でそれを補うこともできるわけです。**

○企業規模による制限がある制度はどれか

ところで、企業規模による制限を確認しておきましょう。退職一時金制度は企業規模による採用の制限はまったくありません。

確定給付企業年金（規約型）と確定拠出年金も基本的に企業規模による制限はありませんが、中小企業については「総合型」と呼ばれる複数企業が加入する規約が優先される傾向があり、単独で制度の採用を希望しても金融機関側が対応してくれないようです。

中小企業退職金共済制度については従業員数と資本金額、業種によって一定の線引きをし、その名のとおり「中小企業」だけが加入できる仕組みとしています。

ちなみに、同じ共済型でも商工会議所等が実施する特定退職金共済制度は企業規模ではなく、当該エリアに事業所が所在するかを判断軸とするようです（東京商工会議所なら東京に事業所があるか、など）。詳しくは各特退共に問い合わせてください。

図4-10 **中小企業退職金共済制度の加入要件**

業種	常用従業員数または資本金・出資金
一般業種（製造業、建設業等）	300人以下または3億円以下
卸売業	100人以下または1億円以下
サービス業	100人以下または5000万円以下
小売業	50人以下または5000万円以下

○掛金額の制限がある制度はどれか

ところで、毎月積み立てることのできる掛金額について制限がある制度があります。退職一時金制度以外の事前積立については税制上のメリットがありますが、一定の制限があります。

中退共や特定退職金共済は月額3万円が上限となっています。

確定拠出年金については、上限が月額5万5000円となっており、退職一時金や中退共を併用していてもOKです。しかし**確定給付型の企業年金制度、厚生年金基金や確定給付企業年金を併用している場合、限度額は月額2万7500円に半減します。**

いずれも、限度額以上の積立は行えません。限度額は全額損金算入を認める上限であり積立可能上限でもあります。

しかし、一般的な中小企業において、月額3万円を超えての積立を行うことはあまりないと思います。仮に20代は5000円、30代は1万円、40代は2万円、50代は3万円と積立をすれば、元本だけで768万円になってしまいます。ひとつの制度でこれだけの積立をすることは滅多になく、限度額についてはあまり心配しなくてもいいと思います。

なお、確定給付型の企業年金制度には拠出の上限はありません。

複数制度を採用するか、組み合わせ割合をどうするか

さて、ここまで来ると、おおむね新制度のイメージが固まってきたのではないかと思います。最後に考えてみたいのは、具体的な制度の併用についてと経過措置の置き方です。

○複数制度の採用を検討する

制度を複数設定して退職給付制度を運営することには、法律上の問題はほとんどありません。同一の制度を複数採用することはできませんが（中退共に二重加入するとか、確定拠出年金を2つ作るとか）、これは意味がないので考える必要はないでしょう。

自前で確定給付企業年金を実施していて、業界団体の確定給付企業年金の設立の案内を

受けた場合などが、まれに2制度の選択に悩むケースになります。

一方で、**3つ以上の制度を同時に運営することはあまりおすすめできません。単純に管理・運用の負担が重くなることと、運営コストが高くつくからです。**企業年金連合会が確定拠出年金導入企業に対して行ったアンケートでは、2制度採用企業が約55%と多数でした。一方で確定拠出年金のみとする会社が約20%です。傾向としていえば大企業ほど採用制度の数が多くなり、3制度という会社も増えます。中小企業ほど1本の制度でやりくりする割合は高まります。

現実論としては、

(1制度)　確定拠出年金を軸に検討
(2制度)・確定拠出年金と退職一時金
・確定拠出年金と中退共
・中退共と退職一時金

あたりが組み合わせの選択肢となります。

確定給付企業年金については、すでに制度がある場合は存続を前提としてもいいでしょう。また中小企業というには従業員数が多い会社（200名を超えてきて今後も採用増の予定がある、あるいは300名以上で中堅企業の規模に達しつつある）などは、いつまでも退職一時金制度を維持していくことはおすすめできないので、確定給付企業年金を用いてしっかり支払いの事前準備を行う選択肢が生じてきます。

また、業界団体で実施する確定給付企業年金（厚生年金基金の再編で設立されたものなど）に厚生年金基金から引き続き加入するというのはあってもいいでしょう。

この場合は選択肢が少し増えてきます。

（1制度）　確定拠出年金のみ
**　　　　　確定給付企業年金のみ　を軸に検討**

（2制度）・確定拠出年金と退職一時金
・確定給付企業年金と退職一時金
・中退共と退職一時金
・確定拠出年金と確定給付企業年金

図4-11 複数制度を採用するなら異なる2制度を

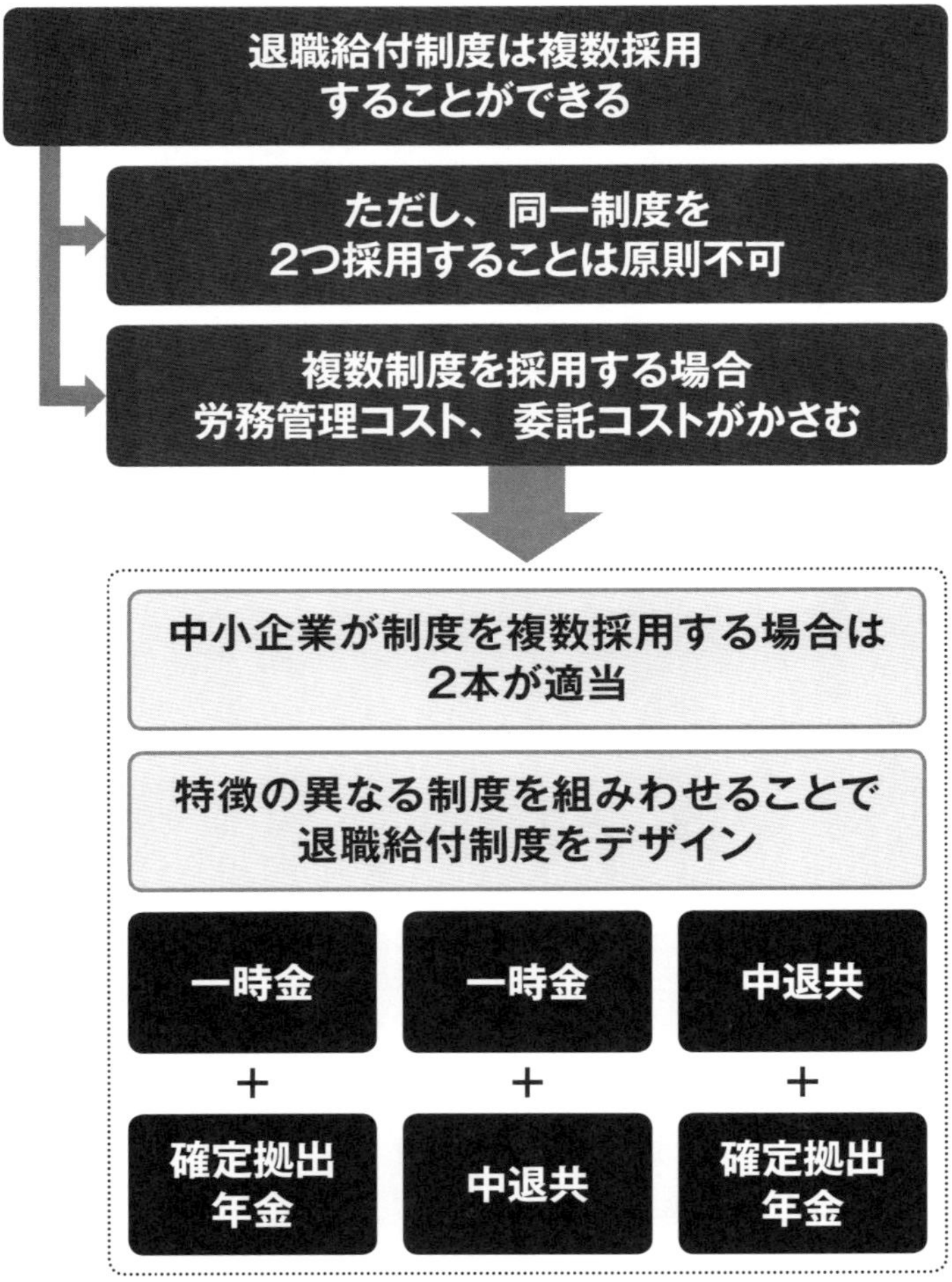
退職給付制度は複数採用することができる
ただし、同一制度を2つ採用することは原則不可
複数制度を採用する場合労務管理コスト、委託コストがかさむ
中小企業が制度を複数採用する場合は2本が適当
特徴の異なる制度を組みわせることで退職給付制度をデザイン
一時金
＋
確定拠出年金
一時金
＋
中退共
中退共
＋
確定拠出年金

- **確定給付企業年金と中退共**
- **確定拠出年金と中退共**

組み合わせについては前述の**特性の違いを活かしつつ、メリットとデメリットを補い合うような選択をしていく**といいでしょう。たとえば、確定拠出年金と他の制度を併用することで、「中途退職時に渡せる部分」を残すことができるわけです。逆に確定給付企業年金と退職一時金は特性が近いので（どちらも中途退職者に減額できるし会社に準備責任がある）、組み合わせのメリットはあまりない、ということになります。

悩んだ場合は、確定拠出年金とプラス1制度、でスタートしてみるといいでしょう。制度の組み合わせは、次項の組み合わせ割合とあわせて検討していくとより具体化していきます。

◯退職給付制度の組み合わせ割合を検討する

1制度を採用する場合、その制度が新退職給付制度の100％を占めることになります。

当たり前ですが、採用した制度の特徴が新制度の特徴そのものということになります。

しかし2制度を用いる場合、2つの制度の特徴が相半ばすることになります。たとえば確定拠出年金と退職一時金を併用した場合は、社員の自己責任の部分と会社が資金調達の責任を負う部分に分割されることになります。別の見方をすれば、自己都合退職でカットできない部分とカットできる部分に分かれるということでもあります。

このとき、2制度であるから「5：5」に区分しなければならないというルールはありません。この割合を考えるのも、新制度検討にあたっては重要なステップになります。

現在の制度の配分割合については、現状把握で確認していると思います。いろいろな沿革があると思いますが、**今の比率をそのまま引き継げば制度設計の面からも社員への説明の観点からも、比較的シンプルに新制度のデザインが可能になります。**

たとえば、現行制度が「確定給付企業年金3分の1：退職一時金3分の2」の組み合わせだとします。今回のてこ入れに際して、確定給付企業年金（かつて適格退職年金であったものがそのままに移行していた）をすべて確定拠出年金へ移し、新制度の組み合わせを「確定拠出年金3分の1：退職一時金3分の2」とするのは簡単です。しかし、ここであえて「確定拠出年金5：退職一時金5」と割合まで変更しようとすると、確定給付企業年金からの移行と、退職一時金からの移行の２つのステップが生じるため、容易ではありません。

もちろん、会社として意図やねらいを明確にしていく中で必要と考えるのならば、複数の制度をまたいだ割合の変更をためらう必要はありませんが、**そのままの割合でまずは引き継ぎ、数年後の2段階目の改定に残しておくことも選択肢として考えられます。**

ちなみに、確定拠出年金を１００％採用せず、部分的な採用にしたい場合は、確定拠出年金の割合を３分の１前後にとどめておくと社員も受け入れやすくなるようです。労働組合がある場合などは、確定拠出年金を受け入れる場合は３割程度にしておくことが望ましいと主張してくることがあります。

過去の積立分（社員の権利）を新制度に移行するかを検討する

最後の検討課題としてあげられるのは「旧制度の引き継ぎ」問題です。

過去の制度の引き継ぎ方は2つある

新制度を採用するにあたって、旧制度についての引き継ぎを考えなくてはなりません。ここでいう引き継ぎは「旧制度のほうが有利になる社員の対応等の経過措置」と「実際にすでに積み立ててきた資産の引き継ぎ」という2つの問題があります。

経過措置について

大前提としていえば、旧制度の条件や資産は旧制度のままとして新制度をスタートさせることは可能です。過去と将来は完全に分割し、

「（過去分）201X年3月までの分は旧制度で支払い、計算式もそのまま」
「（将来分）201X年4月以降は新制度で積立や支払いを行う」

というようにルール化しておけば、徐々に新しい制度に移行していくことになり、社員に不利益はあまり生じません。といっても、会社側には新制度と過去の制度を平行して運営する「二重の負担」が生じますので、中小企業の場合は、可能な限り新制度に引き継ぐ

改革のほうがよいと思われます。

社員は不利益変更になれば制度変更に同意しない場合がありますので、会社としては**過去の条件から給付引き下げになるケースがないか、いくつかの条件で試算を行います。**中小企業であれば社員全員について試算をかけてみるのが一番でしょう（大企業でも基本的には全員分を試算しますし、さらに複数のパターンでシミュレーションします）。

試算をして不利益になりそうな社員が出た場合は、旧制度の条件を優先するか、制度変更時に差額を上積みして調整を行うような経過措置を講じます。一方で、新制度の計算額より旧制度から持ち込む資産額が有利になるようなラッキーなケース（社員にとって）については、減額調整をしないのが基本です。つまり、過去の条件との調整については上乗せだけがある、ということです。こればかりは制度を変更した場合の調整コストと割り切って考えるしかないでしょう。

○資産の引き継ぎについて

もう一つは、資産そのものの引き継ぎです。確定給付企業年金、確定拠出年金、中小企業退職金共済制度は、それぞれの制約はあるものの、過去の権利について新制度に引き継ぐことが可能となっています。

ただし、過去の権利を新制度に引き継ぐということは、原則として具体的なキャッシュも引き継ぐということです。しかし実際に満額の資金を手当て済みで新制度に引き継ぐことはほとんどなく、資産の引き継ぎの有無について検討することになります。

退職一時金制度から資産を引き継ぐことは、確定給付企業年金、確定拠出年金、中小企業退職金共済制度いずれも可能です。いずれも分割払の形式をもって、過去の資産を引き継いでいきます。たとえば確定拠出年金の場合であれば、4〜8年度にわけて移していきますので、最大で8分割できます。移した費用はそれぞれの年度で損金処理できますが、社員全員に同一条件で移行しますので、多額のキャッシュを継続的に必要とします。どうしても難しい場合は次項で説明するように、過去の資産については旧制度からの支払いを行うようにします。

すでに確定給付企業年金に積立が行われている場合、確定拠出年金制度に資産を引き継ぐことができます。退職一時金制度や中退共へは移せません。ただし、確定拠出年金制度へ資産を移す場合には積立不足の問題を解消しなくてはなりません。その場合、

（1）積立不足に相当するキャッシュを一括で拠出し積立不足のない状態にして、確定拠出年金へ資産を引き継ぐ

（2）積立不足に見合う給付の引き下げを行い、現有資産を全額引き継ぐ

のいずれかを選択します。後者の場合は不利益変更に同意してもらうか、退職金規程のほうで積立不足相当の給付を復活させるなどの手当をします。基本的に、引き継ぐタイミングは一括です。何年度にも分けて分割して移すことはできません。

すでに中退共に積立が行われている場合は、企業規模が大きくなって確定給付企業年金か確定拠出年金を設立した際、そこに資産を引き継げます。この場合はそれぞれの中退共で支払うべき資金が全額引き継がれるので、積立不足の問題はあまり気にせずにすみます（社員には引き継がれた金額が旧制度の権利と説明しておけばよい）。

確定拠出年金にすでに積立が行われている場合は個々人の財産として分別管理済みですから、確定給付企業年金や退職一時金制度、中退共に移すことはできません。

○キャッシュを負担せずに過去の制度は引き継げるか

「キャッシュがなければ新制度に引き継げないなら、今回の改革は難しいかな」と思った社長がいるかもしれません。実は、キャッシュがない引き継ぎという方法もないわけではありません。

全面的に新制度に引き継いだほうが、今後の管理がすっきりすることは間違いありません。しかし新制度が共済や企業年金制度、確定拠出年金制度であった場合、過去分を引き継ぐためにはキャッシュがたくさん必要となります。

また、退職一時金から企業年金に切り替えてからしばらくの間は、今まで生じなかった毎月の積立コストに資金繰りの面で苦労することになります。

そこで、**過去の制度から新制度に引き継ぐためのキャッシュ準備に余裕がない場合は、先ほどの「経過措置」の方法を使って対応することになります。**

経過措置が使いやすいのは退職一時金制度の活用です。退職一時金制度は実際に払ったときしか損金処理できないことが問題だと何度か説明していますが、別の見方をすると、実際のキャッシュを捻出する義務やタイミングを退職時にまで遅らせることができる、ということでもあります。

これを逆手にとって、新制度の加入期間（将来分）については新制度の企業年金や確定拠出年金で積み立て、そこから支払いますが、旧制度の退職一時金部分については退職時に現金精算する、というように資金捻出時期を部分的に先送りすることもできるわけです。

確定給付企業年金について、積立不足がある状態のまま引き続き制度は走らせていく、というのはあまりおすすめできません。確定給付企業年金から確定拠出年金に移行するにあたっては、今ある資産はまず確定拠出年金に引き継ぎ、積立不足相当の金額については、社員ひとりひとりの定年退職時に退職一時金で精算給付するとしておけば、給付引き下げにもならず、キャッシュの負担もせずに確定拠出年金へ移行が可能になるわけです。

積立不足も含め過去分に相応する給付を行うためだけに確定給付企業年金を残す場合、これを閉鎖型の確定給付企業年金といいますが、主に大企業が用いる選択肢です。制度運営コストも重くのしかかってくるため、中小企業には制度管理上の負担のほうが重くなるでしょう。

図4-12 過去の制度を引き継ぐか、切り離すか

現在の制度

→ **新制度の過去の権利（資産）も引き継ぐ**

- 資産を引き継ぐ場合、キャッシュの準備が必要
- 確定給付企業年金へ資産を移せる制度
  退職一時金／中退共
- 中退共へ資産を移せる制度
  退職一時金
- 確定拠出年金へ資産を移せる制度
  退職一時金／確定給付企業年金／中退共

→ **新制度に過去の権利（資産）は引き継がない**

- 過去の権利は旧制度のルールで将来支払う
  （制度変更時にキャッシュは必要ない）

金融機関を選び、導入にこぎつけるまで

ここまで社長自らグランドデザインを描くことができれば、その後のステップはアウトソースすることが簡単になります。

労使合意についても社長自身が社員に自信を持って話しかけることができれば、おそらく大きなトラブルにはならないでしょう。

むしろ社長自身が新制度のねらいや意義を理解しているかどうかが制度改革の肝心なポイントなのです。

実際の詳細な制度設計から導入までのステップを確認しておきます。

STEP1　金融機関から詳細な制度提案を受ける

確定給付企業年金を採用する場合は、生命保険会社もしくは信託銀行に相談します（中

小企業の場合は生保が主たる相談相手になる)。厚生年金基金からの後継制度であれば、もともとあった厚生年金基金の事務所(ないし新制度の事務所)に相談します。

確定拠出年金の場合は、銀行、生保、損保、信託、証券会社など取り扱い金融機関が多岐にわたるので、複数の金融機関に声をかけ、熱心なところに依頼をすることをおすすめします。

中小企業退職金共済制度の場合は、中退共本部に問い合わせて相談を受けるか、中退共の相談に乗れる生保等に相談を依頼します。

このとき、ここまで論点整理をしてきた新制度のイメージを伝えておけば、金融機関からの提案も精度の高い納得のいくものになるでしょう。フリーハンドで金融機関に提案をさせてムダなやりとりを何度も続けたり、金融機関の営業ニーズに踊らされる必要もありません。

STEP2 何度か制度設計案を修正する

金融機関から提案を受けたら、一発OKということはまずないので、不明な点について納得のいくまで説明を受け、制度設計のカスタマイズを行います。

- **加入対象者はどこまでの範囲とするか**
- **掛金負担はどれくらいになるか**
- **モデル退職金水準は変わるか**
- **中途退職者の給付水準はどうなるか**
- **中途退職者への減額措置はどうするか**
- **資産運用の体制はどうなるか**

など、ここまで解説してきたポイントをチェックしていきます。

特に経過措置については、よく確認をしておきましょう。本書でも概要は説明していますが、100社あれば退職給付制度設計のバリエーションは100通りあるといわれるほどです。自社にとって最適な設計となるよう、何度か修正を繰り返していくことは当然です。個人の定期預金なら誰が預けても金利は同じですが、退職給付制度は一律に適用される金融商品ではないのです。

労使交渉については次のステップとしていますが、ある程度、制度概要が煮詰まってきたところで労使交渉を開始し、その後で修正するステップとしてもかまいません。

STEP3 労使交渉を行う

新制度の採用については基本的に労使合意が必要になります。また、旧制度の改定、特に終了や給付引き下げについても労使合意が必要になるのが原則です。

たとえば確定給付企業年金を廃止し、確定拠出年金制度を導入する場合は、廃止と導入のそれぞれに同意が必要になります。

従業員数の過半数が加入している労働組合があれば、その同意をもって従業員全体の同意とみなすことができます。労働組合がない場合は、中立的な方法で労働者代表を選挙し選任します。このとき人事部や総務部の内輪で勝手に選出するのではなく、選出するむねを掲示や通達したり、立候補者についての異議があれば申し立てるような告知をしておくことが必要です。

また、組織として存在する労働組合に比べると、労働者代表は個人の立場でありながら、重い責任が求められる立場になります。労使交渉における責任一切をひとりだけに負わせるようなことはあまりおすすめしません。制度全体の了承を労働者代表と得たのち、全社員に改めて同意書を取り付ける（次項）ことをおすすめします。

STEP4　社員説明会を行い、同意書を得る

新制度の導入について何らかの社員説明会を行います。人事制度の大改革ですから、文書配布やメールだけではなく社員に説明会を行うべきです。

社員説明会に際しては、金融機関の専門担当者に制度のわかりやすい説明をしてもらうことが一般的ですが（企業年金制度や確定拠出年金を採用する場合）、人事制度改革のねらいについて、人事部長や社長が時間を設けて話すことが効果的です。**特に中小企業ほど社長が自ら話をするほうが、労使合意の取り付けにプラスに働きます。**

法律上労使合意が必要な場合は、同意書を取り付けます。制度の廃止にかかる同意書や新制度の創設にかかる同意書です。特に労働組合がない場合などは、全従業員から同意書を取り付けて過半数を得ていることを担保しておくほうが無難です（もちろん半数ではなく9割以上の取得を目指す）。

STEP5 確定拠出年金の場合は投資教育をする

採用する新制度に確定拠出年金がある場合、投資教育も必要となります。社員は自己責任で資産運用に臨むわけですから、投資教育は会社の責任となっています。研修を通じて、自己責任で投資をできる程度の人材に育てるということです。**これは法律上の義務であり、制度をスタートするときはもちろん、制度をスタートしたあとも定期的に教育することが求められています。**

とはいっても、実際の教育プログラムは金融機関が持っていますし、あるいは第三者の投資教育会社やファイナンシャルプランナーに研修講師としてきてもらうこともできます。むしろ、専門的内容を誤りなく話し、余計な誘導を行わないためにも、自ら実施するよりアウトソースを行うことをおすすめします。

筆者が見聞したケースでは、投資理論について間違った説明を全社員に行ってしまい、その後大騒ぎになった会社や、講師担当者が特定の金融商品を個人的に推奨してしまい、その後大暴落して社内で責任問題になった会社などがあります。いずれも付け焼き刃の投資教育が大失敗した例です。

Column

厚生年金基金に加入していた場合の選択肢と対策

かつては厚生年金基金制度がもっとも普及している企業年金制度でした。厚生年金基金制度とは、国の厚生年金相当分（代行部分）と、企業年金独自の部分（加算部分）をひとつの企業年金として運用する仕組みです。１９８０年代から90年代前半にかけて爆発的に普及しました。

しかし大企業の多くは、国の厚生年金相当分の資産を管理する責任を嫌って、代行返上に踏み切りました（確定給付企業年金に変更した）。これは、国際会計基準に則って退職給付会計が導入された際に、国の厚生年金相当部分についても会社に積立責任があるとされ、もし積立不足があった場合は、会社の債務として決算に載せるよう求められたからです。

その後は、業界団体で設立され中小企業の多くが加入している総合型厚生年金基金が存続していたのですが、こちらも積立不足の解消がなかなか進まないなかリーマンショックに見舞われたこともあり、制度の再編を強く促す法改正が実施されることになりました。

制度創設から30年以上はうまく運営してきたにもかかわらず、最後の10年については積立不足が生じるたびに、中小企業にその負担を求めてきたり、給付の引き下げが行われてきており、法改正は残念ながらやむを得ないところです。

法改正時点で存続していた厚生年金基金の9割以上は、単純解散をするか代行返上を行い純粋な企業年金として存続することとしています（多くは確定給付企業年金となる）。

皮肉なことに、法改正に前後して株価は回復、積立不足の問題はほとんど生じなくなりました。解散にあたって追加負担を求められる心配はあまり生じていないようですが、問題は解散や新制度の創設への対応です。

制度を解散したり終了する（新制度へ引き継ぐ）場合には、事業所ごとの労使合意が必要になります。基金事務局が説明会を実施し、その説明資料にもとづき社内で同意取り付けを行っている会社も多いと思います。

また後継制度を用意している場合、加入については各事業所の任意とすることが多く、判断は各社が決めることができます。業界団体で実施する制度であるから加入継続をすべきか、そうはいっても積立不足の負担に振り回されるのはもうこりごりだと、思案している会社も少なくないはずです。

新制度の条件については負担と給付のバランスで判断し、自ら運営する制度とどちらがいいか検討します。一般的には後継制度の場合、積立不足が生じにくい設計とすることが多いのですが、その分、掛金額を多めに必要とするか、運用の実績に応じて給付額は変動することになります。

業界団体で実施していた厚生年金基金については会社の退職金規程とは別個、つまり外枠の設計としていることが多いのですが、新制度が退職金規程に影響を及ぼさないかもチェックしておきましょう。

第5章

中小企業こそ、確定拠出年金を賢く使おう

実は確定拠出年金導入企業の8割は中小企業である

第3章で退職給付制度の概略を紹介しましたが、「うちの会社には確定拠出年金はあり得ないな」と、最初から除外して読み進めてしまった中小企業経営者がいると思います。

確定拠出年金制度は、２００１年10月からスタートした新しい制度です（２００２年４月からスタートした確定給付企業年金は、30年以上の歴史があった厚生年金基金・適格退職年金制度の後継制度であり、基本的なコンセプトは受け継がれている）。アメリカの４０１（ｋ）プランを参考に制度創設されていますので、よく日本版４０１（ｋ）と呼ばれていました。

当時のニュースを振り返ると、「株式市場の株価下支えに期待」とか、「上場企業のＡ社が採用に踏み切った」というようなニュースばかりで、確かに中小企業の利用する制度という印象はありませんでした。

しかし、**確定拠出年金導入企業の8割が、実は中小企業**だと聞いたら意外に思うのではないでしょうか。これは制度創設当初からの傾向ですが、企業数でいえば中小企業が圧倒的多数なのです。

アメリカの401（k）プランも当初は中小企業に広く利用されてきました。上場企業は確定給付型の企業年金が主流でしたが、IT系のベンチャー企業などが401（k）プランを採用後に成長して上場企業になったり、上場企業の多くが401（k）プランに制度変更したことにより、多くの企業が401（k）を利用するようになったのです。

経団連の調査では**確定拠出年金導入割合がほぼ5割になっている**など、上場企業にも広く利用されているのは事実です。しかし、確定拠出年金制度は中小企業にとっても使いやすい制度であり、社員の満足度も引き出しやすい魅力的な選択肢なのです。

確定拠出年金の基本的な仕組み（企業型）

それでは、確定拠出年金の基本的な仕組みを押さえておきましょう。

確定拠出年金制度には、会社の退職給付制度として採用する「企業型」と、個人が任意に加入する「個人型」がありますが、まずは企業型の確定拠出年金（DC）について説明します。

◎企業型DCの基本的な流れ

企業型の確定拠出年金をスタートさせるためには、企業型確定拠出年金規約が必要になります。これは労使合意のもと厚生労働省の承認が必要です。この規約で、企業型確定拠出年金の対象者や掛金の設定ルールなどを定めます。

企業型確定拠出年金を運営するためには、運営管理機関、資産管理機関、運用商品提供金融機関との取引が生じます。といっても何社も個別の契約をする必要はなく、フロントにたつ運営管理機関（運用関連運営管理機関）との契約により、他の金融機関との契約はまとまって行われます。運営管理機関のなかには、データベース管理や社員の売買注文のとりまとめに特化した記録関連運営管理機関（レコードキーピング会社ともいう）もありますが、これもフロントとなる運営管理機関（運用関連）とセットで契約します。

会社はどこかの運営管理機関を選任して確定拠出年金の業務を委託します。**運営管理機関は銀行、信託銀行、生命保険会社、損害保険会社、証券会社など多くの金融機関が業務を行っています**ので、まずは取引先金融機関にいくつか声をかけて話を聞いてみるといいでしょう。

毎月の掛金は指定日に引き落とされ、資産管理機関（信託銀行等）に入金されます。これにより、毎月の掛金については会社から切り離され、社員の財産として取り扱われることになります。一旦入金された掛金は会社の資金繰り等には一切用いることができません。また、資産管理機関（信託銀行等）自身の財産とも分別管理されているので、金融機関の破綻からも切り離されて保全される仕組みが整います。

社員（加入者）は、運営管理機関に対して、「毎月の掛金の資産配分指定」と「すでに積み上がっている資産の売買（スイッチング）」の運用指示を出すことができます。この指示は会社に強制されることもなければ、会社がその詳細を知ることもできません。

法令上は3カ月に一度は売買機会を与える必要がありますが、現実的には毎日注文を出すことができるシステム対応ができています。

ひとりひとりの運用状況はデータ的にきちんと管理されており、その状況は毎日ＷＥＢ

図5-1 企業型確定拠出年金の基本的な仕組み

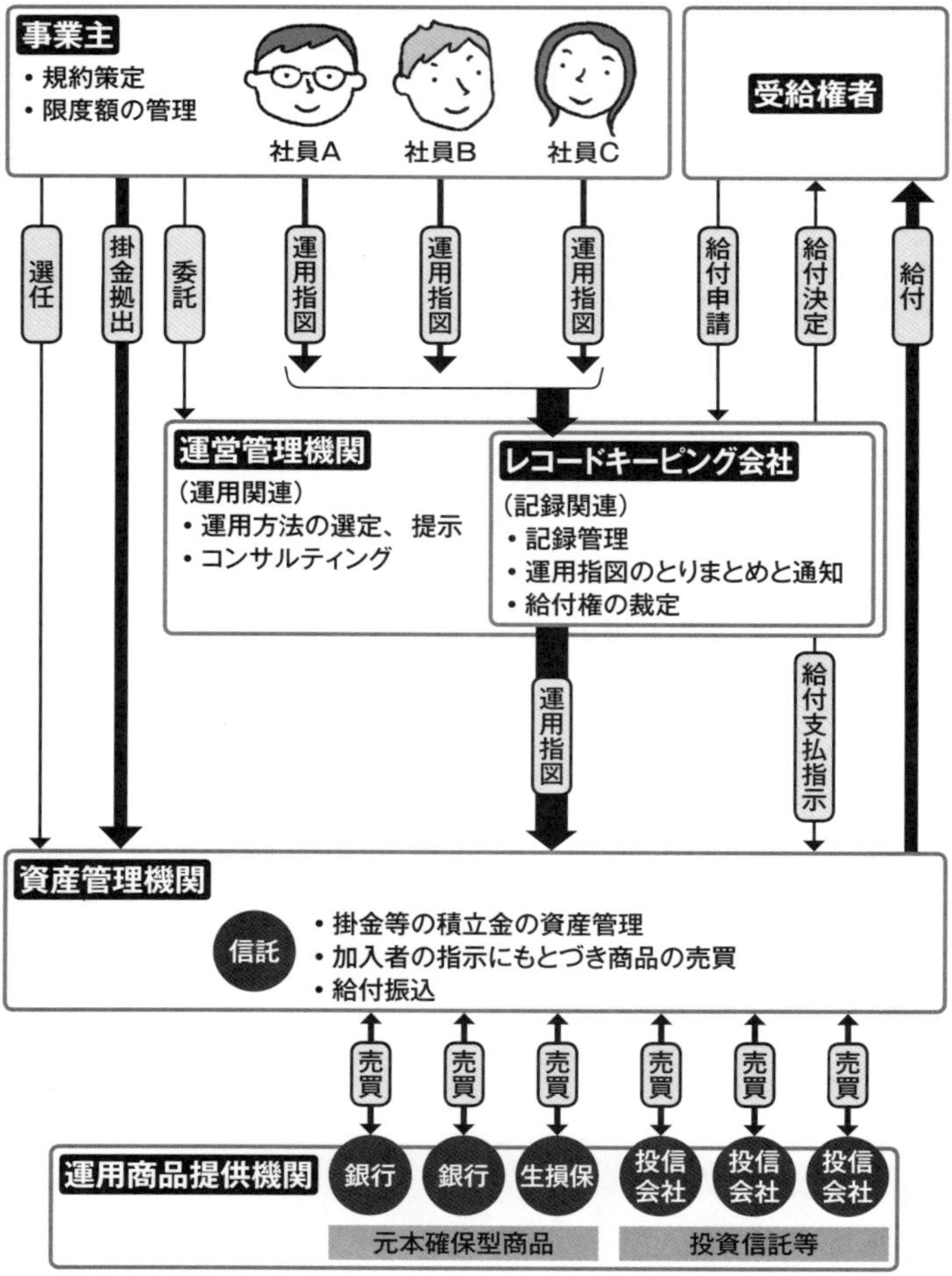

経由で確認することができます。社員が自分の退職金額を1円単位で毎日チェックできると思ってみてください。

運用状況はWEBで見るだけではなく、年に一度はレポートでチェックできます。原則として年に1回、紙のレポートが送られてきます（年2回のところも多い。今後は電子化されていくこともある）。

社員は60歳以降になったら、運営管理機関に対し給付の申請を行い、資産管理機関から給付がなされます。会社は給付について関わりません。

資産運用の費用は社員自身が支払うのが原則です。では、会社は何を支払うのかというと、制度運営費用を負担します。運営管理機関、資産管理機関から事務費用を請求され、これを払います。

○必ず必要になる労使合意をどうするか？

ところで、確定拠出年金制度をスタートさせるためには、必ず労使合意が必要になります。

従業員の過半数を占める労働組合があれば労働組合との合意ですみますが、過半数を占める労働組合がないか、そもそも労働組合がない場合は、客観的な手段をもって労働者代表を選任し、その代表と交渉し同意を得ます。

ただし、基本的には対象となる者の全員に同意書を取るよう求められることが多いようです（法令上の義務ではないが9割方の社員が同意しているということを目に見える形で確認することは、会社としてもそう悪い話ではない）。

確定拠出年金制度の場合、制度のスタートにあたって厚生労働省の地方厚生局（たとえば「関東甲信越」のようにブロックごとに支局がある）に対して、規約認可申請の書類を

図5-2 確定拠出年金の導入にあたって必要なこと

- 導入に当たっての労使合意
- 運営管理機関等の選定・契約
- 規約の設計（労使合意のもと）
- 導入時説明会の開催
- 厚生労働大臣の認可（地方厚生局を通じ）

など

提出、認可を得ることで制度がスタートできますが、このとき労使合意の状況についても添付書類として提出をしなければなりません。

ところで**この労使合意ですが、制度をスタートさせるときだけではなく、制度の変更を行う際にもその都度必要になります。**ときどき、中小企業の経営者が無理強いするような形で、労使合意を取り付けることがありますが、長い目で見ておすすめできません。本音ベースでしっかり話し合って、制度導入への納得を得るようにしてください。

○規約にはこんな事項を定める

確定拠出年金規約には、おおむね以下のような内容を定めます。規約とは別に別表を設け、運用商品リストを分けることもあります。

1　加入者の範囲（資格）
2　掛金の拠出ルール
3　運用の選択肢

4 給付の選択肢
5 短期離職者のペナルティ
6 事務費の負担
7 投資教育の内容
8 他制度から資産を引き継ぐ場合はその条件
9 マッチング拠出をする場合はそのルール

それぞれ好き勝手に定められるわけではなく、すでに法律が一定のラインを引いていま す。たとえば、掛金の拠出ルールは「全員定額」「全員定率」「定額と定率の組み合わせ」と いうような感じです。金融機関によっては「うちの確定拠出年金プランではこれかこれで お願いします」と制限されることもあります。

簡単に、規約の定め方を紹介します。

1 加入者の範囲(資格)

誰を確定拠出年金に加入させるか、ルールを定めます。原則は厚生年金適用の社員全員ですが、「正社員のみ対象（パートの厚生年金対象者は除く）」「役員は除外する（別途役員退職金規程があるため）」というような範囲を定めます。なお、「あいつは入れて、あいつは入れない」というように社長が恣意的に決めることはできません。

2 掛金の拠出ルール

掛金については「定額（文字通り全員が同じ金額）」「定率（基本給等の一定率とする。職階級ごとに段階的に金額を定めるテーブル方式も可能）」「定額と定率の組み合わせ」から設計します。一般的には定率型にし、給与や役職に連動して掛金が増えるようにします。

3 運用の選択肢

現行法では3本以上の商品を提示し、1本以上は元本確保型商品（定期預金等）とします。2018年以降は3本以上であればよいと法改正される予定です。規約では運用商品の類型を示し、具体的な商品名は別表等で示します。

4　給付の選択肢

年金もしくは一時金で60歳以降に受け取るのが原則ですが、一時金で受け取る方法については規約で定義して初めて有効になります。一時金での受け取りを認めるのが一般的です。

5　短期離職者のペナルティ

勤続3年で退職金を支払うことが多い慣行にちなんで、入社3年未満で離職した場合、会社が負担した掛金相当分について返還を求めることができます（事業主返還）。ただし規定した場合のみ有効です。また、運用損が生じた場合、請求することはできません。

6　事務費の負担

確定拠出年金の運営にかかる事務費用の負担を社員にも求める場合、「月○円」というように明示します。一般には事務負担は会社が全額負担、運用の費用は社員が全額負担とします。

7 投資教育の内容

社員が自己責任にもとづく資産運用を行える程度の投資教育は、会社の義務となっています。投資教育を会社が行うこと、そしてどの程度（頻度等）行うのか規約に明記します。

8 他制度から資産を引き継ぐ場合はその条件

確定拠出年金は、今まで他制度で積み上げてきた資産を引き継ぐことができます。この場合、その引き継ぎルールを定めます。新規に設定する場合は関係ありません。

9 マッチング拠出をする場合はそのルール

企業型確定拠出年金は会社が掛金を拠出する退職給付制度ですが、規約に定めた場合、社員が任意で追加入金をすることができ、これをマッチング拠出といいます。マッチング拠出には積み立てられる限度額等があります。

どのような規約にするかで、確定拠出年金の制度設計は変わってきますので、自社にとって「こうしたい」を運営管理機関にはっきりと告げて制度設計の相談をしていくことが大切です。

○運営管理機関はどうやって選ぶか

先ほど、あっさりと「運営管理機関を選ぶ」と書きましたが、実はここはなかなか難しい問題のひとつです。

会社の取引関係（具体的にはお金を借りている）があって親密だからA社を選ぶ、というのは経営者が誰しも考えることですが、そうすると、社員に自己責任で運用させるのに、その取引金融機関を会社が一方的に決めていることになってしまいます。会社の都合で決めた金融機関が、社員にとっては不利益のあるようでは困ります。

図5-3 運営管理機関の選び方

確定拠出年金ビジネスは多くの金融機関が実施
（銀行、地銀、生保、損保、証券、信託銀など）

↓

各社によって取り組みは様々なので、
（特に中小企業対応には違いあり）
取引の縁のあるところを3～4社声かけ

↓

対応が熱心で、
まともな提案をしてきたところを軸に検討する
（社員目線も忘れずに）

確定拠出年金では、３社以上を比較コンペして、社員の利益のみを優先して検討・選定するように定められています。中小企業の場合はコンペを免除されていますが、**会社にとっていいパートナー（金融機関）かではなく、社員にとっていいパートナーか、という目線で選ぶ**ことは忘れないようにしたいものです。

確定拠出年金の基本的な仕組み（個人型）

○企業型とちょっと違う個人型

確定拠出年金には個人型という仕組みもあります。こちらは個人が任意で加入するもので、自分のお金を積立に回すものです。確定拠出年金の基本的枠組みは同様ですが、**企業型は会社が退職金・企業年金制度として利用するのに対し、個人型は個人が自助努力で老後の資産形成をするために用いられるものです。**

2017年1月から、現役世代は誰でも個人型確定拠出年金に加入できるようになりました。iDeCo（イデコ）という愛称も定められ、利用範囲が広がります。「うちは確定拠出年金（企業型）をやっていないから無関係でしょ」と思っていると、社員が「個人型確定拠出年金に入りたい」と申し出てくることが増えてきます。ここで簡単に説明しておきたいと思います。

企業型の確定拠出年金とiDeCoがちょっと違うのは、国民年金基金連合会という団体が実施主体として制度の管理に関わることと、資産管理機関が事務委託先金融機関という名称に変わることです（やっていることは信託銀行の仕事として同じなのですが）。

また、金融機関ごとに異なる手数料体系、異なる運用商品ラインナップを提示することができるので、**社員Aさんは B 銀行、社員Cさんは D 証券会社というように、ひとりひとりが iDeCo の相手先を選ぶことができます。**

社内制度の感覚でいえば「うちの財形制度はE銀行のみ」というように事務処理をまとめたくなりますが、個人型確定拠出年金の金融機関を強制することはできません。

といっても、iDeCoを利用している社員の掛金額をひとまとめにして国民年金基金連

図5-4 個人型確定拠出年金の基本的なしくみ

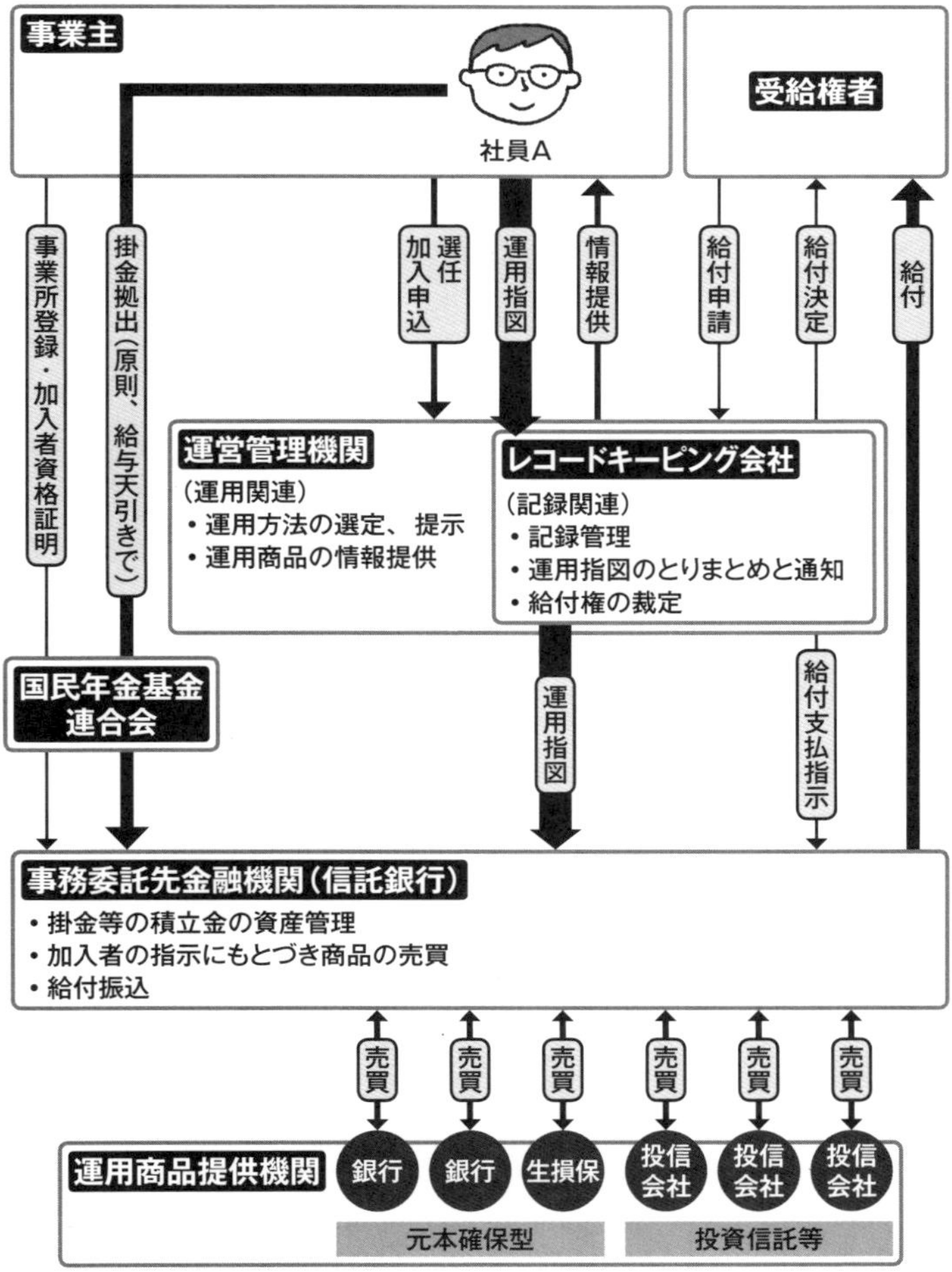

合会に振り込みますので、何十社にそれぞれ数万円ずつ入金するような実務の心配はありません。

○会社は社員の個人型加入を拒めない

先ほど金融機関を強制できないとしましたが、会社が企業型確定拠出年金を実施していない場合、社員は自由に個人型確定拠出年金に加入することができます。

今までは「企業型確定拠出年金も確定給付型の企業年金もない会社員」だけが個人型に入れる会社員でしたが、２０１７年１月より、会社員は誰でも個人型確定拠出年金を利用できるようになったからです（少し補足すると、公務員も専業主婦〈国民年金の第３号被保険者〉も iDeCo に入れるようになり、現役世代は誰でも確定拠出年金を利用できるようになりました）。

会社は社員が iDeCo に加入したいと希望したい場合、これを必ず認めなければなりません。「ウチは対応していないから」、というような理由で拒んではいけないのです。

なお、企業型確定拠出年金を実施している場合、会社が認めた場合にのみ社員は

iDeCoに加入できます。

○社員が加入希望した場合、会社に生じる実務

社員が個人型確定拠出年金への加入を希望したとき、どんな実務が生じるかざっと流れを説明しておきましょう。

[社員の手続き]

1 自分が利用したい運営管理機関を選ぶ
2 運営管理機関から資料を取り寄せる(投資教育を受ける)
3 加入申出書や運用指図書を記入する(毎月の掛け金額を決める)
4 会社に「事業所登録申請書兼第2号加入者に係る事業主の証明書」への押印を求める
5 給与天引きか自らの口座引き落としか選ぶ
6 書類一式を整え、加入申込手続きする
7 数カ月後に引き落とし開始

【会社の手続き】

1　初めての利用希望者が現れた際に、事業所登録を行う（事業所登録申請書）

2　加入希望者ごとに「第2号加入者に係る事業主の証明書」に押印し交付する（在籍の証明と企業年金の有無の証明）

3　国民年金基金連合会から「個人型年金掛金引落事前通知書」が毎月送付される（給与天引き分）

4　通知書の引き落とし指示にもとづき掛金額が会社の銀行口座から引き落としされる

5　所得税の源泉徴収については確定拠出年金掛金を考慮して源泉徴収を行う（給与天引きの場合）

6　確定拠出年金掛金を考慮して年末調整を

図5-5　個人型確定拠出年金にかかる会社の事務

初めて社員が加入するとき	・事業所登録
社員が加入申し込みするたび	・企業年金の有無等の証明
毎月の掛金引き落としのたび	・掛金額の通知を受け、源泉徴収
年末調整時	・年末調整事務
年に一回	・従業員の在籍証明 ・企業年金の有無等の証明

行う（自分の銀行口座引き落としの社員が掛金の納付証明を提出してきた場合）

7　年に一度は「現況届（第2号加入者の加入資格に関する届出）」を提出する

ところで、給与天引きの事務についてですが、事務処理が面倒だからと社員に自分の銀行口座からの引き落としを求めることが現実には行われているようです。ただし、本来は社員が天引きを望んだ場合、これを拒むことはできません。それほど難しい事務ではありませんので、対応をするべきです。

中小企業も使いやすい！　確定拠出年金制度のデメリットはメリットにもなる

さて、ここまで確定拠出年金制度の概要を確認してきました。中小企業にとって確定拠出年金制度の採用メリットがあるのは、以下のようなポイントです。一般的に考えられている確定拠出年金制度のデメリットも、見方によってはメリットたり得ることがわかると思います。

メリット1　毎月の掛金負担さえできれば運用リスクを負わない

確定給付型の企業年金制度は最終的な支払い目標に従って積立を計画的に行います。しかし、運用が不調であった場合はその差額を会社が補てんします。つまり負担が後から増える可能性があります。近年のように運用環境が不安定な時代には会社の負担も不安定になります。

確定拠出年金制度の場合、運用の判断や成果については社員の自己責任とすることができますから、**会社は掛金を定期的に拠出さえすればその後の責任を負う必要はなくなります。**後から費用がブレる心配がなくなるわけです。

メリット2　最終受取額（モデル退職金）に縛られない

一般的に、退職金についてはモデル退職金を設定することが多いものです。「大卒標準労働者の場合、〇〇万円が定年退職時の支給額」というようなイメージを設定します。これは社員にも提示することもあります。

しかし、こうしたモデルを中小企業やベンチャー企業が設定してしまうと、その後の労使交渉の際に常に不利益変更の問題と向き合うことになります。また、将来のインフレ時などには増額改定の検討もしなくてはなりません。

確定拠出年金制度をシンプルに活用すれば、「会社は掛金を出す。社員は自己判断で運用する。最終的な受取額はひとりひとり違うが、それがあなたの退職金額」という整理で、制度をわかりやすく（かつ後顧の憂いもなく）運営することができます。

メリット3　会社に何かあっても全額社員に渡してあげられる

中小企業にとって、倒産のリスクは常にゼロではありません。自社の事業が問題なくとも取引先の破たんのあおりを受けることもあります。こんなとき、会社として最後の賃金を払ってあげることと、退職金は払ってあげたいと考えることは経営者として自然な発想です。

しかし、資金繰りに窮して倒産した場合は、賃金はおろか退職金も満足に払えず会社をたたまざるを得ないということがままあります（労働債権として支払い順位は銀行の債務等より優先されますが、そもそも支払ってあげるための資金がないことが多い）。

このとき確定拠出年金制度を活用していれば、そこに積み上げていた資金は1円たりとも会社の債務と相殺されることなく、すべてを社員に渡してあげることができます（すぐではなく、60歳以降に受け取ることになるが）。会社が万策尽きたとき、社員に残してあげられる最後の財産になるわけです。

メリット4　中途退職時に現金を渡せない制度は悪いことばかりではない

確定拠出年金の独特な特徴として、中途退職したときに退職金を現金として受け取れないことがあります。一般には、これは使いにくい制度であるとみなされます。特に中小企業の中途退職の場合、社員は次の仕事を見つけているとは限らないからです。しかしこれは、見方を変えれば老後のために財産のキープができるという意味でもあります。

中途退職した人の悩みは、退職金が細切れになってしまうことです。そのつど少額の資

図5-6 **確定拠出年金のメリットとデメリット**

	会社にとって	従業員にとって
メリット	●積立不足が生じないため、掛金負担が安定的になる ●退職給付会計の対象外となるため退職給付債務が生じない ●DC導入企業からの有力な人材確保に際し資産の受け入れができる ●現役社員に退職給付の「見える化」が期待できる	●今いくら残高があるか確認できる ●受給権が確立しており、勤続3年以上であればどのような理由でも減額されずにすむ ●自身のDC資産のみ管理・運用すればよく同僚やOBの資産の運用リスクを負うことはない ●確実に老後資産形成が行える
デメリット	●制度運営上の事務コストが生じる ●投資教育負担が継続的に生じる ●勤続3年以上の自己都合退職者や懲戒解雇者について減額支給できなくなる ●人材引き留めの効果がなくなる	●資産運用を自ら行わなければならない自己責任を負う ●価格変動が生じるため、60歳時点での受取額が見込みでしか計算できない ●原則として60歳まで解約できないため中途退職時の生活費や独立資金としては用いることができない

金を受け取っては消費してしまうため、60歳時点では老後のための財産をほとんど持たないことがしばしばです（筆者も転職時にもらった退職金は使ってしまいました）。定年退職までひとつの会社に勤め上げて、まとまった退職金をもらえる場合と、老後の人生は対照的なものとなります。

これだけ老後不安が高まっている時代に、退職金をできるだけ受け取らず先送りすることには大きな価値があります。確定拠出年金で「60歳まで受け取ることができない」ということを「60歳まで確実に老後生活資金が保全される」と考えてみるのです。

なお、中途退職した社員に現金を少し渡してあげたい、と考えるのなら、退職給付制度を100%確定拠出年金にしない方法もあります（退職一時金制度と確定拠出年金の2制度で運営する）。また、退職一時金部分については自己都合退職者について減額ペナルティを科すこともできます。制度の組み合わせによって、中途退職時の不満を軽減することが可能になります。

中小企業にとっての確定拠出年金の選択肢は5つある

さて、基本的な枠組みがわかったところで、確定拠出年金を自社で導入するケースを考えてみたいのですが、実はひとくちに企業が確定拠出年金を導入するといっても、いくつかのパターンがあります。

ここでは、2016年の法律改正で増えた中小企業の選択肢なども含め、法律解説書を読んでいるだけではわからない、実務的な5つのパターンを押さえておきたいと思います。

選択肢1　単独型DC

まず、普通に企業型確定拠出年金を導入する場合です。法が許す範囲で、**自社にフィットした規約を自由にデザインできます。**こういう確定拠出年金を俗に「単独型DC」といいます。

自由にカスタマイズできるのはよいのですが、その代わり運営管理機関の手間も増大するため、業務委託費なども高額になります。確定拠出年金の場合、各社ごとにかかるコストと、社員ひとりずつにかかるコストがありますが、大企業ほど1人あたりの平均コストは低くなります。しかし数百名程度の中小企業の場合、1人あたり年5000円以上かかることも珍しくないようです（数十人規模だともっとかかる）。これは大きな負担です。

また、中小企業のために面倒な制度管理をしたくないと、小さな会社の単独型DCは引き受けないとする金融機関も多いようです。

筆者が仄聞したケースでは、従業員数150名の会社が5社にコンタクトしてみたところ、

図5-7 単独型DCの特徴

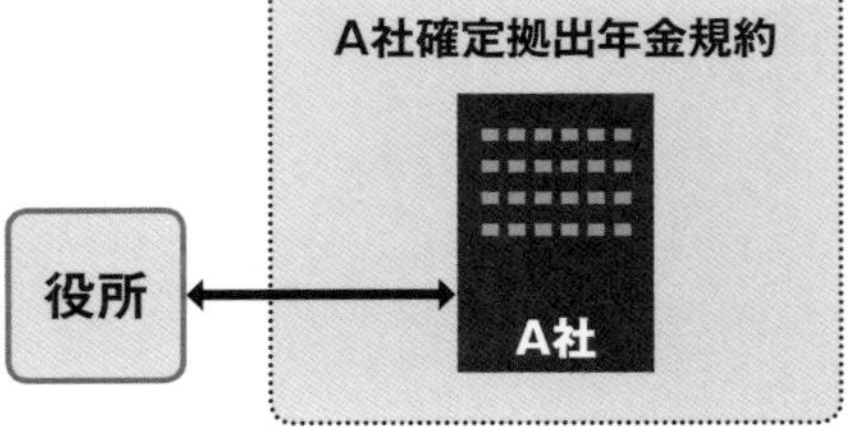

- 自社の社員だけを対象に自由に制度設計できる
- 厚生労働省（地方厚生局）と直接やりとりする必要がある
- 中小企業の場合、コストが割高

いずれも単独型ＤＣは引き受けてもらえなかったそうです。

ただし、**企業として成長の余地がある場合は、ランニングコストが割高になったとしても、あえて単独型ＤＣにしておくほうが、将来のカスタマイズの余地が残ります。**次に説明する総合型ＤＣの場合、窮屈さを感じることになるかもしれません。

選択肢２　総合型ＤＣ

次に紹介するのは「総合型ＤＣ」と呼ばれるものです。これは企業型確定拠出年金の一種ですが、単独の１社ではなく、**複数の会社がひとつの規約にぶらさがるような形式を取ります。**

金融機関がグループ子会社などを筆頭にして厚生労働省の規約承認を取り付けておき、同じ規約にたくさんの企業が連なることができるようにしておきます。

かつて厚生年金基金という企業年金制度では、業界団体等で中小企業が集まって企業年金を設立し、これを総合型と呼んでいたことにちなみます。総合型ＤＣでは業界の縛り等はないので、業種や規模を問わず自由に加入することができます。

新規に追加される企業は、わざわざ厚生労働省の認可をとるため何度も役所に足を運ぶ必要はなくなります。また、たくさんの企業をひとつの器で管理できるため、事務コストは単独型ＤＣに比べ低くなります。

しかしその代わりに、制度設計については一定の制約を課されます。多くの総合型ＤＣは、法律が定める範囲で企業ごとにカスタマイズできるよう配慮されていますが、それでも完全に自由な制度にはできません。

たとえて言えばオーダーメイドスーツが単独型ＤＣなら、レディメイドスーツが総合型ＤＣ、といったところでしょうか。

また、**総合型ＤＣの場合、運用商品のラインナップについては各社のカスタマイズの余**

図5-8 総合型DCの特徴

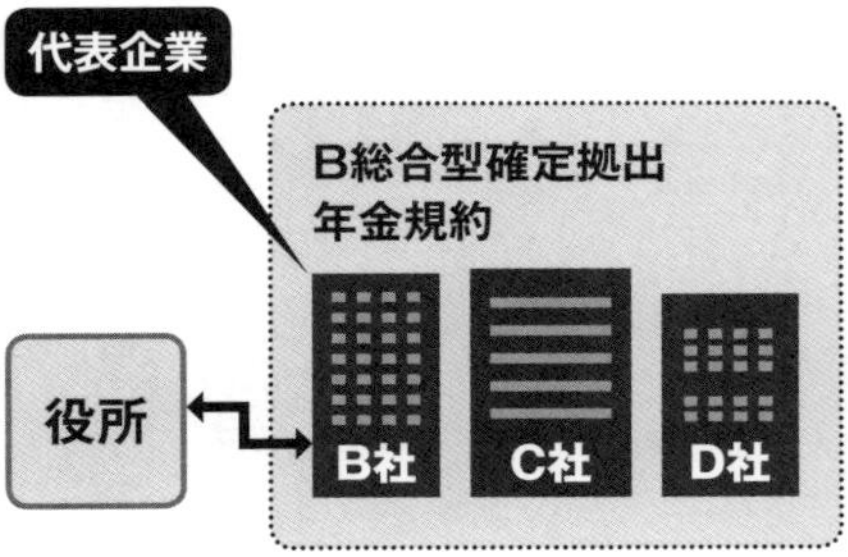

- 複数の企業がひとつの規約にぶらさがるので、役所とのやりとりは代表企業に任せられる
- 制度設計にはカスタマイズの制限がある
- 中小企業の場合、コストが割安になる

地が基本的にありません。金融機関サイドが予め提示したリストを一式丸ごと受け入れるしかないうえ、変更や追加の要望もなかなか反映されません。商品ラインナップに不満がある場合は、他金融機関の総合型ＤＣも比較検討のうえ選択する必要があります。

選択肢3　選択制ＤＣ

３つめの選択肢は「選択制ＤＣ」と俗に呼ばれるものです。**社員に利用の有無や掛金額の設定を選択する余地を与える**ため、こう呼ばれます。

一般的な企業型ＤＣでは、会社が主導的に「給与のＸ％」というように掛金を決めます。社員が「イヤ私は○万円欲しい」というようなことはできません。人事報酬制度の一環なのですから当たり前です。

ところが選択制ＤＣを採用する場合は、「社員の給与の一部を企業型確定拠出年金の掛金原資」とします。たとえば基本給25万円の社員がいたとき、「基本給19・5万円＋ライフプラン基礎給5・5万円」と給与規定を改定します。そのうえで、「ライフプラン基礎給5・5万円については、５０００円刻みで好きな額を企業型確定拠出年金の口座に入金することができます。そうすると所得税や住民税だけでなく社会保険料も軽減され、運用も非課税になり有利ですよ」と説明します。最後に決めるのは社員自身です。

税負担や社会保険料負担が軽くなるのは、これはもともと給与ではなく会社の退職給付制度の掛金であると見なすからです。まあ、法律の解釈の抜け穴をみつけたようなものです。本人の社会保険料だけでなく、会社負担の社会保険料も軽くなるので、会社にとっては社員に選択制確定拠出年金を使ってもらうと人件費が軽くなるという経済的メリットも生まれます。

ただし注意したいのは、社会保険料の算定基礎が下がるということは、社員にとっても

図5-9 選択制DCの特徴

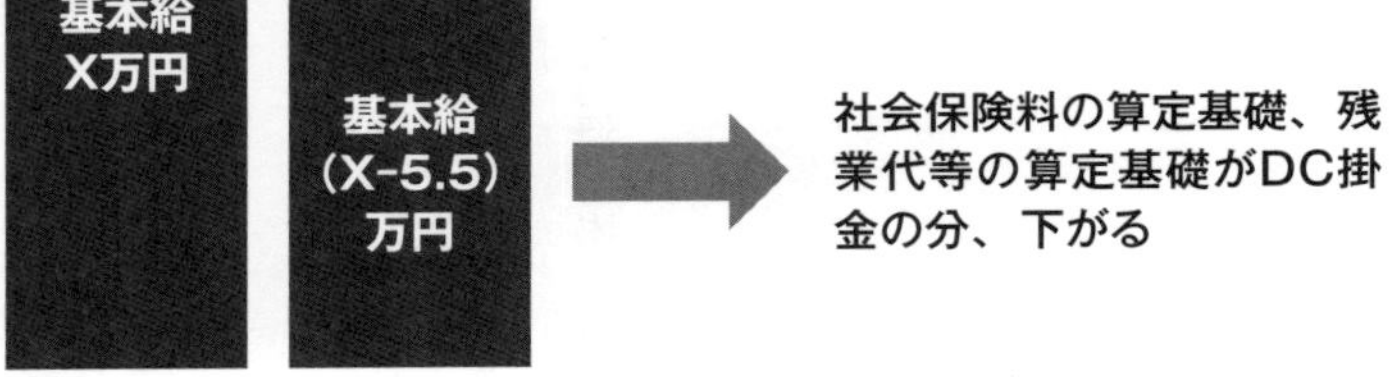
制度導入前
導入後
ライフ
プラン給
5.5万円
従業員の選択により、会社負担のDC掛金とする（金額も選択可能）

マイナスになりうるということです。社員の将来の年金が減りますし（厚生年金保険料）、求職者給付（失業給付）や育児休業給付金も下がります（雇用保険料）、病気になったときの傷病給付金や産前産後の出産一時金なども少なくなってしまいます（健康保険料）。

それに、そもそもこれは「退職給付制度」ではありません。会社が給与とは別に老後の資産形成のための積立を行う枠組みというより、自助努力で老後に備える仕組み、つまり個人型確定拠出年金に近い性格の制度となっています。

明確に違法ではありませんが、ギリギリのところで本来の社会保険料や所得税のルールをあえて破っているのが選択制DC制度です。グレーゾーンといった感じでしょう。そうした制度であることはよく理解したうえで選択制DCを導入してください（筆者は選択制DCを推奨していませんが、広く利用されているのは事実なので紹介しています）。なお、選択制DCとしつつも、会社の掛金をきちんと設定し、さらに追加入金をするか社員に選択させたり確定拠出年金に入るか入らないか選択させるだけ（入らない場合は前払い退職金）、というケースもあります。

選択肢4　簡易型DC

企業型確定拠出年金は、企業の負担が少なからずあります。運営コストの問題もそうですし、事務的な負担もあります。総合型DCがある程度その解決策となっていますが、これも限界があります。

2016年の法改正によって、従業員数が100名以下の中小企業のために、簡易型DCという制度が創設されることになりました。

この制度は、企業が単独で実施することを想定していますので総合型DCとは異なりますが、単独で実施した場合であっても、制度設計については一定の制約が課されます。ただ、**制約といっても簡略化されたもので運営**

図5-10 **簡易型DCの特徴**

実施できる企業	従業員数100名以下の中小企業
対象者	厚生年金被保険者は全員対象とするなど、一律的に定める見込み
掛金額	政省令の基準（未定）にもとづき決定する（全員定額にするなど）
運用商品数	2本以上（従来3本以上が基準であった）
規約承認時の提出書類	通常の企業型DCと比べ半減するような簡素化を目指す
運営費用	通常の企業型DCと比べて低コストで実施可能

※法案および社会保障審議会企業年金部会資料から筆者作成
　詳細は今後確定されることに注意

負担やそのコスト、行政のチェックも簡素化することがねらいです。

役所に提出する書類も今までの単独型ＤＣと比べて半分くらいですむようにしたいとしています。書類のミスで何度も地方厚生局へ足を運ぶのは苦痛ですが、そういう負担も軽くなるわけです。

単独で実施できるオーダーメイド的要素と、簡略化されたルールでしか制度設計できないレディメイド的要素が組み合わさった確定拠出年金ということになります。

運用商品が２本以上でよいということだけは、すでに法律で決まっていますが、どこまでルールが簡素化されるかは、これから詳細が決まります。２０１８年6月までに実施される予定です。

選択肢5　個人型確定拠出年金への奨励金（小規模事業主掛金納付制度）

最後の選択肢はちょっと不思議な方法です。というのも、企業型確定拠出年金を設立しないで退職金・企業年金制度「的」なものを運営しようとするものだからです。

社員が任意で加入し、任意で積立金額を決定する個人型確定拠出年金（iDeCo）ですが、今まではここに会社が追加の掛金を乗せる、いわば奨励金のようなやり方は認められていませんでした。

しかし、2016年の法律改正により、**従業員数が100名以下の会社については、社員の個人型確定拠出年金に会社が追加掛金を乗せる方法が認められました。**

会社としては企業型確定拠出年金のランニングコストを負担せず、社員の行っている確定拠出年金の積立に加算するだけで、実質的には社員の老後資産形成を支援できるようになる、というわけです。

2016年の法改正で認められ、2018年6月までに実施される予定です。制度の実施にあたっては労使合意が必要になることだ

図5-11 個人型確定拠出年金（iDeCo）への奨励金の特徴

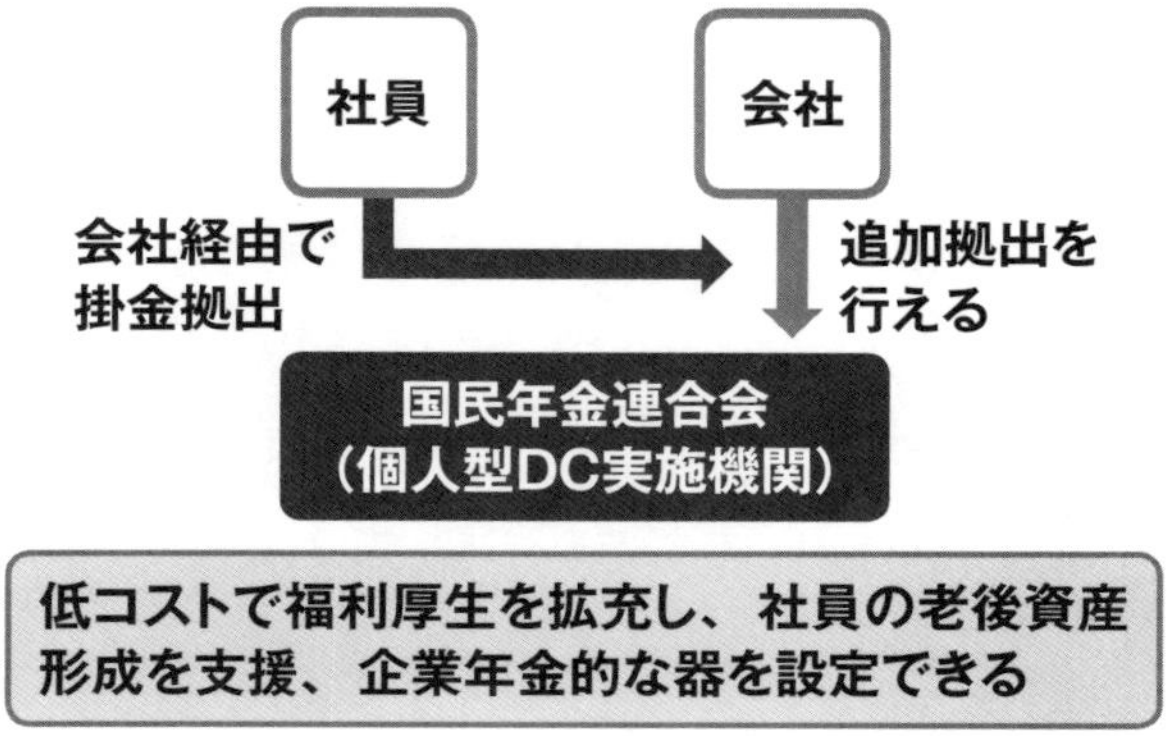

けが明らかになっており、詳細は未定です。社員間で不公平にならないよう一定のルールを設けることなどが要件になると考えられています。

中小企業がDCを導入するときのポイントと活用方法

会社として確定拠出年金を活用してみたいと考える場合、注意すべきポイントをあらためて書き出してみます。

ポイント1　自己都合退職時や懲戒解雇時の減額は確定拠出年金以外で行う

すでに他制度との比較をしてきたとおり、自己都合退職を理由として支給額を減額したり懲戒解雇時の不支給をしたりすることは、確定拠出年金では不可能です。3年以上勤続をした場合、1円たりとも減らすことは認められません。

もし退職給付制度の懲戒機能を残したいと考えるのであれば、確定拠出年金導入後は、退職一時金の枠のペナルティをきつくするか、会社に損害を与えた場合はいくらでも損害賠償を求める旨、別途懲戒規定を定めておく必要があります。

一般に経営者は、退職給付制度の懲戒機能を重視する傾向があるようです。懲戒機能を別途残すことができれば、確定拠出年金の採用のハードルがひとつ下がります。

ポイント2　資金繰りをきちんと行う（遅配はできない）

退職一時金から確定拠出年金へ制度変更する場合や新設する場合、今までになかったコストを定期的に拠出することになります。社会保険料の場合、ねんきん事務所に掛け合うなどして納付を遅らせたりできますし、社員に頭を下げて給与を遅配することができます。しかし、**確定拠出年金の掛金は月末の納付期限を過ぎると追納することは一切できません。**

納付できなかった掛金相当額は給与に上乗せして後日精算するしかありませんが、税金等を引かれる分、社員の不利益にならないよう20％以上増額が必要になります。

また、確定拠出年金の掛金はしっかり納めていながら、給与の遅配や社会保険料の納付が遅れる、というのは本末転倒です。

会社として定期的に支払うべき人件費についてはしっかり手当てをして、確実な資金繰りを行うことが必要です。

ポイント3　モデル退職金や想定利回りは提示しない

第6章でも解説しますが、確定拠出年金制度を新規導入した以降、モデル退職金を提示する必要はありません。また、一定の運用利回りをノルマのように提示することも必要ありません。

確定拠出年金制度で目標とするべき運用利回りの提示は、「想定利回り」と呼ばれ一般的に行われていますが、旧制度と新制度を比較する以上の意義はなく、新入社員にとってはほとんど意味がない数値です。

モデル退職金は、将来的に制度設計をいじるときに「不利益変更かどうか」という指標として会社の重荷になります。また想定利回りを多くの社員が達成できているかが会社の投資教育等のハードルになりかねません。

むしろ自己責任で自由に運用できること、自分に取り得るリスクに応じた運用選択をすることのほうが重要であり、そうした投資教育を心がけるといいでしょう。

ポイント4　社員には積極的に社長が語りかける

中小企業で必ずやらなければならないのは、制度の変更に際して社長が社員に直接語りかける場を作る、ということです。

どうして確定拠出年金制度を採用することになったのか、会社としてはどう考えているのか、将来的なビジョンはどうか、など、**社長が自分の言葉で語ることは、社員の納得感を高めるためにもっとも有効な方法です。**

日頃、自分の言葉でいろいろ仕事の音頭を取っているはずの社長が、確定拠出年金制度の導入に関しては説明をすべて金融機関にやらせたり、部長に任せてだんまりというのは、制度の導入を不調に終わらせてしまうリスクです。

むしろ、確定拠出年金の導入を機に、退職給付制度についても社員とコミュニケーションをはかって、会社へのロイヤルティ向上に結びつけるくらいの意識を持ちたいところです。

ポイント5　しかし社長は運用指南をしないこと

社長は社員に確定拠出年金について語りかけろ、と言いましたが、決して語ってはいけないことがあります。それは運用の指南です。

社長の多くは資産運用の経験があると思います。株式投資をしていたり、高額の投資信託保有をしていたりします。自分なりの相場観、景況感を持っている人も多いことでしょう。社員のほとんどが投資に不慣れなのでアドバイスしたい気持ちはわかります。

あるいは、取引先金融機関に関する義理を感じて、社員に一定割合は○○銀行の定期預金を持って欲しいと思うこともあるかもしれません。

しかし、**会社サイドが社員に対し、個別の商品の善し悪しを伝えたり、買う買わないについて指示をすることは法律違反になります**（金融機関が言うことも違反で、これはセールストークをさせない歯止めになっている）。

社長が「今は株価が底だから日本株を組み入れた投資信託がいいぞ」とアドバイスをし

たり、「うちがお世話になっている○○銀行の定期預金もよろしくな。わかっているだろうな」などと言ったりしないようにしてください。

ポイント6　内枠規定にしない

最後にもうひとつアドバイスしたいのは、確定拠出年金を「内枠」で規定しないということです。退職金規程があって、「退職金額は○○円となる。まず確定拠出年金制度から受け取り、差額を退職一時金で会社が払う」のような定めをしていたとしたら、社員は運用でうまくいけば退職金は増えるが、運用で損をしたときは会社が全額保証してくれる、ということになってしまいます。自己責任であるはずがリスクを会社が背負うことになり、このようなうっかり規定は避けなければなりません。

旧制度が内枠式の規定であったとしても、確定拠出年金導入のときは退職一時金と確定拠出年金を別に切り分けて定めます。

もちろん、全額を確定拠出年金にする場合も、退職金規程をきちんと書き換えておくようにしてください。

少し学んでおけば、中小企業にとって確定拠出年金はそう難しい制度ではありません。「大企業の制度」という思い込みは捨てて、自分の会社でどう使いこなしてみるか考えてみてください。きっとその活用の余地が見いだせると思います。

第6章

起業者必見！
ベンチャーは
退職金制度を作らず
いきなり確定拠出年金を使え

最後の章は、確定拠出年金制度の活用がもっとも適していると思われる、若い企業の退職給付制度構築について解説したいと思います。

実は、若い企業のための退職給付制度の新設、つまりゼロから制度をスタートさせるための方法について、解説している書籍はほとんどありません。時代が確定拠出年金をベースに大きく変化しているというのに、成長力のあるベンチャー企業が退職給付制度をどう活用していくべきかのアドバイスがないのはとてももったいない話です。

しかし、会社にとっても社員にとっても、退職給付制度の新設はいつかは考えるべきテーマとなってきます。ベンチャー企業の経営者は本章を参考に、退職給付制度の導入を目指してみてください。

最初は退職金制度がなくてもＯＫなベンチャー企業

数人の勇気のあるメンバーが集まって小さな会社を作ったとき、実は退職給付制度のことを考える必要はありません。退職金制度は労働基準法においてもその設置を必須としていないからです。

会社の存続さえ不確かな創業時点で退職金制度を設けたところで、ほとんど意味がありません。会社がつぶれてしまえばどんな立派な制度があっても退職金を支払うことはできません。むしろ大事なのは毎月の売り上げをたて、給与振り込み日に社員に確実に給与を支払うことで、創業役員のメンバーは自分たちの給与支払いすらおぼつかないこともままあります。

○社員が増えてきてもまだまだ退職金規程は不要

創業当初はざっくり決めていた給与計算のルールも、事業が軌道に乗り始め、社員が増えてくると明確にしていく必要があります。会社が就業規則を設置するのは社員が10人以上安定的に働く規模になってからです。派遣社員はカウントしなくてもいいのですが、直接雇っている契約社員やバイトはここに含みます。この場合、その就業規則は労働基準監督署にも届け出なければならなくなります。詳しくは労働基準法第89条に定めがあります。

就業規則では賃金のルールについて必ず定めなければならず、賃金規定を別途定めることが多いと思います。しかしこの段階では、まだ退職金規程を定める必要はありません。むしろ退職金規程についてはまったく定めないまま会社を大きくし続けてもいいのです。なぜなら、**労働基準法においては退職給付制度の設置義務はない**からです。ただし、一度設置した退職金規程や慣例として支給が行われていた退職金などは、その後は「社員との約束」になり、未払いが許されなくなります。

だとすると、新しい会社にとっては「退職給付制度なし」でそのまま会社を大きくできるなら、それもまた選択肢のひとつということになります。実際、ＩＴ系の企業などでは退職給付制度をまったく作らないまま上場まで持ち込む会社もあるくらいです。

○最初は退職金より給与と仕事の魅力で採用ができる

第４章では、退職給付制度をもつ意義のひとつとして、リクルートの機能があると説明しました。同業他社や同地域の他社と遜色ない労働条件を提示しなければ、人材採用で遅れを取る可能性があるというものです。しかし、**ベンチャー企業はあえて退職給付制度な**

し、としても、企業の成長が続いているあいだはあまり苦労せず人材獲得ができたりします。

　ある人は「この会社は若いからまだ退職給付制度がないのだろう」と理解して人材募集に応じてくるかもしれません。ある人は「退職給付制度がないが賃金の条件は高いな」と思って応募してくれるかもしれません。

　前者については、いつかは期待に応えなければいけませんが、平均年齢が30歳の会社であれば急がなくても社員の不満は高まりません。ほとんどの社員は60歳のときの受取額を気にしていないからです。

　また、人件費として考えれば「給与28万円＋退職給付制度の準備コスト2万円」とする

図6-1　創業すぐに退職給付制度はいらない

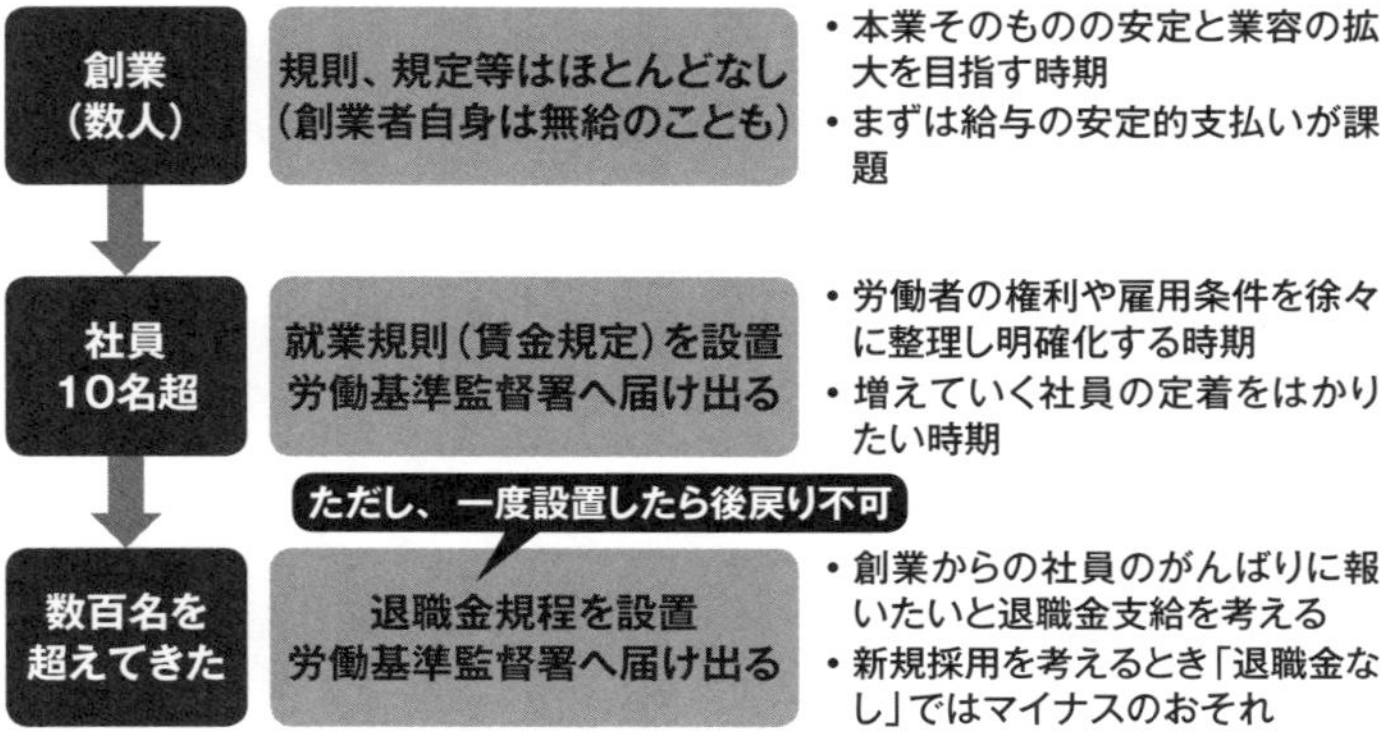
創業
（数人）
規則、規定等はほとんどなし
（創業者自身は無給のことも）
・本業そのものの安定と業容の拡大を目指す時期
・まずは給与の安定的支払いが課題
社員
10名超
就業規則（賃金規定）を設置
労働基準監督署へ届け出る
・労働者の権利や雇用条件を徐々に整理し明確化する時期
・増えていく社員の定着をはかりたい時期
ただし、一度設置したら後戻り不可
数百名を
超えてきた
退職金規程を設置
労働基準監督署へ届け出る
・創業からの社員のがんばりに報いたいと退職金支給を考える
・新規採用を考えるとき「退職金なし」ではマイナスのおそれ

より、同じことであっても、賃金だけで支払う「給与30万円」のほうが若い人には受けがよくなります。

しかし、企業が成長するにつれ、いつまでもフレッシュな企業イメージだけでは人材が集められなくなります。「退職金なし」はハローワークの求人票でもフィルタリングできてしまうので、賃金が同条件の他社に採用で遅れを取るようになってきます。また、創業当初からがんばってきてくれた社員に、「やっぱり定年のときには少し払ってあげたいな」と考えるようにもなります。

ベンチャー企業もいつかは、退職給付制度の問題と向き合わざるを得なくなるのです。

無理をして立派な退職金制度を作らなくていい5つの理由

退職給付制度を作るといっても、無理をして立派な制度作りを考える必要はありません。むしろ**小さくスタートし、できれば負担も重くならないものから設定したい**ところです。

そして少しずつ育てていけばいいのです。大仰な制度設計にしなくてもいい理由は大きく5つあげられます。

理由1　退職金規程の設置義務はない

これまでに説明したとおり、会社には退職給付制度の設置義務はありません。制度未実施の企業経営者は退職給付制度を採用するかしないかのカード（選択肢）を持つことができますし、このカードは「いつ採用するか」というタイミングも考慮することができます。

しかし、カードを切った以上は、そのカードの効力は将来にわたって永続的に生じます。つまり、**できるだけ会社にとって有利な条件とタイミングでカードを切るべき**なのです。

ここでいう「有利」というのは、人材獲得上の有利さであったり、掛金の負担捻出に余裕のあるタイミングという意味であったりします。

ある中小企業は、満を持して社長から退職給付制度（確定拠出年金を活用）の新設を発表したところ、大いに社員の士気があがり、また会社に対するロイヤルティも向上したとのことです。しかもこのタイミングが会社の決算が過去最高益を記録した報告と同時だったことも、盛り上がりに寄与したようです。

社員にとってはうれしいサプライズかもしれませんが、社長としては準備段階からすれば1年以上策を練っていました。総額人件費としていえば、退職給付制度の採用による負担増もありますから、勢いで発表できるものではありません。

退職給付制度を導入し、せっかく人件費負担を増やすのであれば、**社員の満足度がもっとも高まり、会社も余裕があるタイミングをねらうべきなのです。**

理由2　モデル退職金は何十年後も会社を縛り続ける

第4章では、すでに何らかの退職給付制度のある会社の制度再編について説明しましたが、何度か不利益変更の問題を指摘しています。過去の退職金の水準を安易に引き下げると、たとえそれが企業経営上は合理的であっても、労働基準監督署に効力を否定される恐れがある、というものです。

賃金を安易に引き下げることができないのと同様に、退職金の引き下げも会社は慎重に行わなければなりません。これは、「**最初のモデル退職金設定に慎重になるべき**」ということでもあります。ベンチャー企業においてはもっとも重要なことです。

しかし、初めて退職給付制度を設定する際の経営者は、たいてい、いい加減にモデル水準を決定しています。「まあ１０００万円くらいかな」とか「同業他社（実は自社より規模が４割も大きい）の○○社長にちょっと話を聞いたら８００万円らしいのでうちも」といった感じです。

社員の平均年齢が30歳代で、社長も含めてまだ40歳代が会社の中核であったりすると、**実際の退職金支払いがほとんどないのでリアリティもないまま、高すぎるモデル退職金が何年も存在し続け、数十年後に会社を苦しめることになります。**そのとき驚いても後の祭りで、引き下げもできずに苦労します。

そんなモデル退職金を安易に提示するべきではありません。そして、モデル退職金を提示しなくてもいい退職給付制度を選ぶべきです。

理由3　ポイント制退職金は何十年もの管理が必要

第４章で退職金の算定方式をいくつか紹介しましたが（Ｐ１１５参照）、最終給与比例方式や勤続年数に比例した給付計算式が、ベンチャー企業にとって論外なのは言うまでもありません。だからといってポイント制退職金が万能かというと、そうでもないのです。

日本よりも欧米のほうがこうした仕組みは先進的だと思いがちですが、実は海外でも最終給与比例方式の退職金計算方法はまだ幅をきかせているそうです。その理由は簡単で、「社員が在職しているあいだずっと人事評価を繰り返して、その評価を管理し続けるのは大変」ということです。人材の流動性が高いという問題もあります。

もしポイント制退職金で制度を新設したとしたら、すべての社員について今から定年退職まで人事データを保有し続けなければならないことになります。勤続年数に比例したポイントは履歴がなくても後から精算できますが、半年ごとに人事評価をしてポイントに反映するような仕組みを採用していたとしたら、その人事評価データもしくは退職金ポイントの加算履歴を、ずっとデータベースとして記録・保存しなければ退職時の支給額が精算できなくなります。

もし22歳入社で60歳退職と仮定すれば、38年分のデータを保持し続けるということになります。国の年金が「消えた年金」と批判されたのは、過去数十年の加入履歴が紙の台帳から完全に引き継げていなかったからです。対岸の火事と笑っている場合ではありません。

ポイント制退職金をいったん採用したら、会社は退職金ポイントのデータをしっかりバックアップし、かつセキュリティは維持しなければなりません。ＯＳや管理ソフトのバージョンが変わってもデータ管理はし続けなければならず、非対応だからファイルが開けません、という事態は許されません。人事評価制度を改定したら、ポイント制もそのたびに見直さなければなりません。

人事コンサル会社などがサポートをしてくれるとしたら、管理負担が軽減されるような気がしますが、その人事コンサル会社に何十年も先までコンサルフィーを払い続けなければならなくなります。むしろ、その費用のほうが会社を縛ることになるかもしれません。

ある制度を使えば、ポイント制退職金の履歴をキープしなくても、能力主義を退職給付制度に反映させることは可能です。

理由4　社員が増え、高年齢化すると負担が増え続ける

安易に退職給付制度を採用して失敗したパターンを紹介してみましょう。特に退職一時金制度の場合です。

退職一時金制度を導入した後しばらく、最初の10年くらいは数年に1人しか定年退職者はいないし、勤続年数も短いため支給額もほとんど発生しません。そのため、制度を設定した創業者は計画的な資金準備を怠ります。

ところが、制度を導入してから10～20年くらいたつと、創業当初から働いていた社員が定年退職を迎え始め、満額に近い退職金を支給しなければならなくなります。人数ベースでみても、新規採用や中途採用を行って人員拡大した時期の社員が定年を迎えるようになり、毎年の支給額は何倍にも膨れ上がっていくことになります。

このときになって、ようやくあわてて制度改定を試みても、時すでに遅し、です。すでに退職した社員からは減額や回収はできません。これから辞める社員について水準引き下げを行えば、ここまで長年がんばってきた50代社員の不満が高まります。

社員の長期勤続を促し、やる気を育てるはずの制度が、金食い虫でかつ社員のモラールをダウンさせる厄介ごとになってしまうというわけです。

社員の高齢化は、企業が成熟していくうえで避けられない現象のひとつです。また、勤続30年以上の社員が退職を迎えると支給額も大きくなります。こうした**負担増を甘くみた退職給付制度の新設は、数十年後に禍根を残す**ことになるわけです。もしかすると、自分の次の経営者にそのツケを払わせることになるかもしれません（それはあなたの子どもかもしれません！）。自分の退職金負担だけでも軽くしてやりたいと受け取りを辞退した経営者もいるのです。それが焼け石に水だとわかっていても。

さて、社員の高齢化と会社の制度への負担とが比例しない退職給付制度がありますが、それはどれだったでしょうか？

理由5　上場すると、退職給付債務が重荷に

5つめの理由は、企業が上場を検討する際の問題です。上場企業になると、会計基準に則った情報開示が避けられませんが、退職給付会計もここに含まれます。**退職給付会計は、簡単にいえば「社員やOBへの退職給付制度という『借金』を情報開示する」というものです。**

社員の退職時に支払う予定の支給金額と、すでにOBに支払っておりその支払期限終了までに見込まれている支給金額については、会社の「債務」とみなされます。そして将来の給付責任を国債等の金利を用いて現在価値に割引し、すでに積立済みの資産と背比べを

します。たいていの場合は積み立て不足になるので、それを退職給付引当金として計上するのです。

退職給付債務の対象となるのは、退職一時金制度と確定給付型の企業年金制度です。確定給付型の企業年金制度の場合、すでに積み立てられている年金資産は債務と相殺できるので、退職給付引当金がある程度圧縮されます。

しかし、企業が上場を控えて債務の整理を行い、バランスシートを健全化させたいとしても、退職給付債務を圧縮することは困難です。まさか社員に「上場するのに障害になるから退職給付制度は廃止します」とは言えません。社長が断行したいと思っても、当然な

図6-2 無理をして退職金制度を作らなくてもいい5つの理由

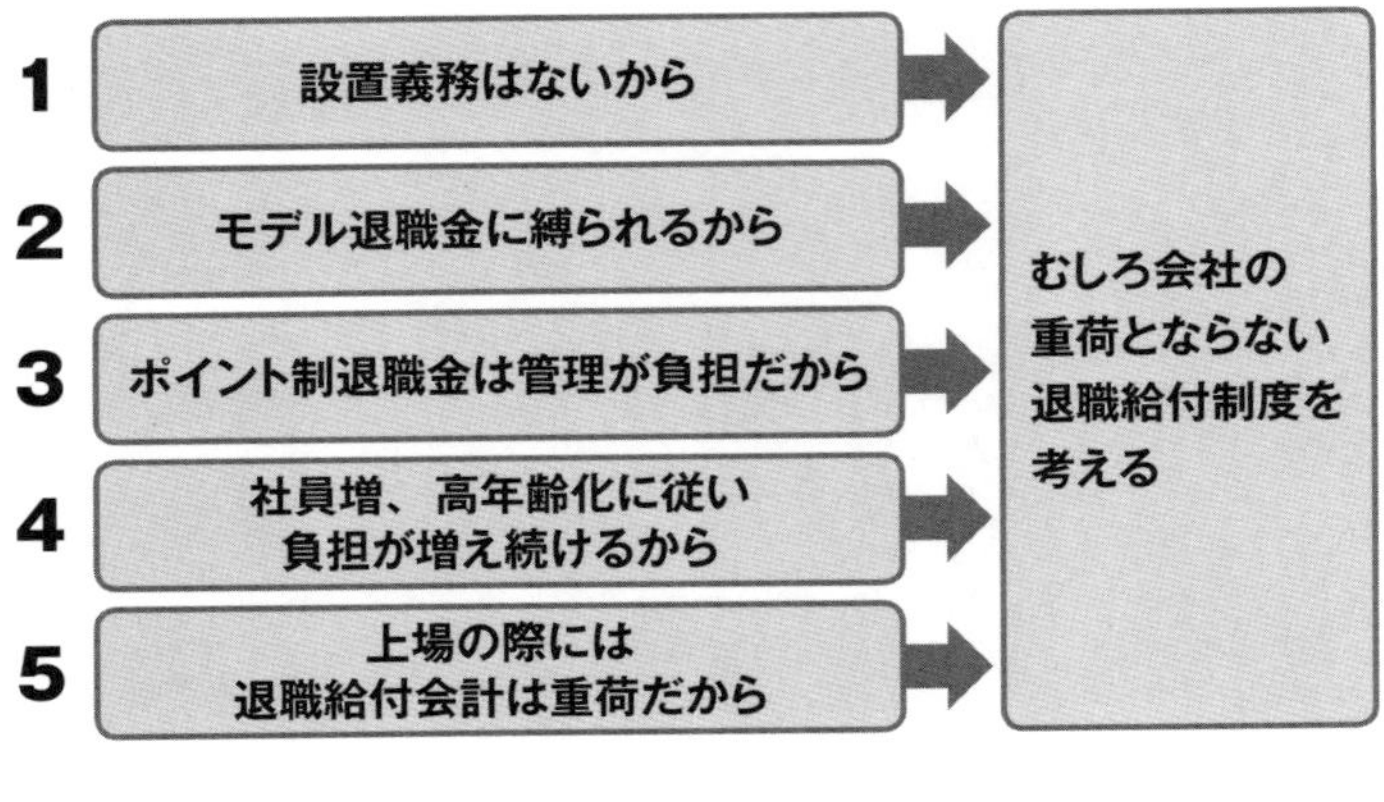
1
設置義務はないから
2
モデル退職金に縛られるから
3
ポイント制退職金は管理が負担だから
4
社員増、高年齢化に従い負担が増え続けるから
5
上場の際には退職給付会計は重荷だから
むしろ会社の重荷とならない退職給付制度を考える

から不利益変更問題になりますので、その実行は難しいでしょう。

もし、企業が本気で上場を目指しているのであれば、ゴールの手前にわざわざ転びそうな石を置いておく必要はありません。

そして、退職給付債務の対象外となる制度を選択して制度設計を行うことは可能です。

……ここまで読んでくれば、答えはもうおわかりでしょう。そう、「確定拠出年金」を検討するのが、ベンチャー企業が成長軌道に乗ったとき、退職金制度を創設する際の合理的選択肢なのです。

ベンチャー企業なら確定拠出年金を基本に考える

先ほどの5つの理由はすべて、初めての退職給付制度をスタートさせるときに留意すべきポイントでもあります。

導入のタイミングとしては、

・会社にとって掛金負担が行え、社員に喜ばれる導入時期を選ぶ

費用負担の面では、

・数十年先にいきなり負担増になって苦しまない制度とする

・上場の際にも重荷にならない制度とする

人事マネジメントの観点からは、

・ポイント制退職金を採用して長期管理する負担は避ける

・モデル退職金は無理に設定しない

これらを考慮しつつ制度を運営できるのが、確定拠出年金という選択です。**確定拠出年金制度であれば、毎月の掛金をしっかり費用負担すればよく、運用の失敗が生じたことによる将来的な費用負担増の心配はありません。**事務費用がかかりますが、これも経費として計画的に織り込むことができ、不確定な変動要因とはなりません。

上場の際にも、確定拠出年金は退職給付債務として考える必要がないので、会社の企業経営上の債務問題と、退職給付制度維持のための債務問題を完全に切り離すことができます。実は今後、退職給付債務の問題は非上場であっても重視されるようになると考えられています（たとえば銀行が融資審査の際に評価項目とするなど）。いずれにしても、企業の成長にとってマイナス要因にならないような採用を行うべきです。

また、長期にわたってポイント累計の管理をしなくてもすみます。確定拠出年金の掛金は「定額（全社員一律にX円）」「定率（基本給のX％）」「定額と定率の組み合わせ」で定めますが、**能力主義的な掛金設定にする場合、人事処遇でしっかり能力を反映させ、それに伴う賃金をまず支払い、確定拠出年金については「定率」掛金にしておくだけで、企業年金への拠出にも能力主義が反映されます。**

図6-3 確定拠出年金をベースに考えるべき理由

将来的な負担増の心配はない

毎月の人件費にきちんと織り込んだ掛金をしっかり払えば、運用難や定年退職者増で負担が急増する心配はない

能力主義も反映できる

掛金の設定方法は給与比例（ないし職階に比例）させることができ、賃金制度をしっかり能力主義にしておけば、掛金もそれに連動させることができる

上場の際に債務が問題とならない

上場の準備に入ったとき、退職給付債務の認識を迫られるが、確定拠出年金ならその必要がない（中退共も債務認識不要だが上場する規模では加入できない）

モデル退職金と無縁でいられる

新設の確定拠出年金はモデル退職金を提示する義務はない。提示したモデル退職金は会社にとっては今後何十年ものあいだ社員との重い約束となり避けたい

ポイント制退職金だと、ポイントの獲得履歴を何十年も管理する必要がありますが、確定拠出年金なら毎月の会社負担掛金として反映すれば、あとはレコードキーピング会社（確定拠出年金の業務を委託する会社のひとつ。記録関連運営管理機関）が外部で資産管理とデータ管理をしてくれますので、会社は管理の手間を一切抱え込まずにすみます。

モデル退職金とも無縁でいられます。確定拠出年金制度をまっさらな状態から導入した場合は、「毎月の給与のX％相当を、確定拠出年金に掛金として別途負担して積み立てます。その後の運用は社員ひとりひとりが自由に行い、その結果は自己責任です。そして最終的な受取額があなたの退職金になるのです」と説明すればよいのです。**モデル退職金を示す必要はありませんし、運用のノルマ（想定利回りという）を示す必要もありません。**確定拠出年金のガイドブックには必ずといっていいほど想定利回りの設定方法が解説されていますが、これは旧制度から確定拠出年金へ制度変更する際に不利益変更としないための論点であり、確定拠出年金を新設する場合には気にする必要はないのです。

若い企業が、モデル退職金の設定とその後生じる不利益変更の問題に振り回される必要はありません。そもそも最初に設定をしないことが、一番の方策になるのです。

○確定拠出年金の制度設計のポイント

確定拠出年金制度を軸に新制度創設を考える場合、「会社の毎月の負担」だけは、しっかり判断してください。たとえば、給与の5％を確定拠出年金掛金とすると決めた場合（職階級に応じて金額を段階的に決めてもよい）、それは総額人件費の増額を意味します。今までは負担していなかった費用を今後も安定的に負担できるか検証のうえ、制度導入に踏み切るようにしてください。

確定拠出年金は特に掛金の納入期日が厳しく、翌月末までに納付をしなければ追納は一切できません。ときどき給料の遅配をしてしまい、翌月あたまに支払っているような会社はまだ退職金制度を導入する体力がない、ということです。同様に毎月の社会保険料を滞納しているような会社も、確定拠出年金採用の前に本業で稼ぐ力を高め、財務的基盤を固めることに注力したほうがいいでしょう。

確定拠出年金の掛金率には上限はないので、会社が負担できるかどうかがその判断基準です。実際に支払われた給与全額に掛けることも、基本給や社会保険料の算定基礎となる標準報酬額に掛けることもできます。ただし、**月5万5000円が個人ごとの拠出限度額**

（上限）になっていますので、部長クラスの社員や役員の掛金額が上限に到達した場合は調整の必要が生じます。

調整を行おうとすると、差分を給与で支払うことになり、給与計算等に面倒な作業が生じます。最初のうちは一番掛金が高い社員が拠出限度額の上限を超えないように制度設計するのがシンプルです。「仮に社内で月給がもっとも高い人が55万円だとしたら掛金率は10％より少なくする」くらいに考えてみるわけです。将来の人材獲得計画や社員の年齢構成等を勘案し、総額人件費の今後の伸びも考慮しつつ、確定拠出年金の掛金率を決定してください。

ところで、確定拠出年金制度は「制度を導入した以降の勤続期間」に応じた積み立てを行っていくことになりますが、これでは制度導入前から働いてくれている社員の退職金は少なくなってしまいます。「制度導入以前の勤続期間」に相当する退職金を払ってあげたいとしたらどう考えればいいでしょうか。

制度導入時点より過去にさかのぼって退職給付の権利を与えたいのであれば、簡単な退職一時金規程を設けて、過去分は退職一時金で精算をするほうが簡単です。費用負担も退職時に先送りできます。もし確定拠出年金が入社時点からあったとしたら、どれくらいの掛金をもらえたか概算し、一定の利回りに相当する金額をプラスして支給することとします。もちろんこの退職金規程の対象となるのは、確定拠出年金導入前から在職していた社員に限ると明記しておきましょう。

過去の勤続期間に相当する掛金も、確定拠出年金制度に入金してあげたいと思う場合は、先ほどのような退職一時金の規定を作り、確定拠出年金導入にあたって4～8年度に分割して過去の勤続期間に相当する掛金を振り込むことができます。ただし、制度設計上の手間暇と費用負担が生じます。通常の掛金負担に過去分相当の掛金負担が生じるということは会社の負担も大きくなります。**無理をせず「制度導入以降」のみを確定拠出年金にしてスタートすれば良いと思います。**

制度設計については、いくつかのポイントを検討する必要がありますが、経営者として判断していけば決められる内容です。たとえば「正社員は全員対象とするか（役員は別途退職金規程を設けて対象外とするか）」「勤続3年未満の退社は掛金額を回収することとするか（リテンション機能は残すか）」など、基本スタンスが決まっていれば選択できるはずです。

確定拠出年金には単独型や総合型があると第5章で説明していますが、従業員数が

100名以下だと単独型の制度を引き受けてくれる金融機関は少ないようです。総合型の確定拠出年金からスタートし、企業規模が500名以上になってきた場合に単独型に切り替えるような方法でもいいと思います（もちろん総合型を続けることもできます）。

なお、**投資教育については、企業内研修の一部だと思って2～3年に一度は全社員に数時間の受講をさせましょう。**金融機関にアウトソースすればそれほどの費用にはなりませんし、社員の金銭教育としてもよい機会です。

確定拠出年金の投資教育を行ったある会社では、社員の金銭感覚がまともになって自己破産するようなトラブル社員が激減したといいます。社員の借金トラブルは会社にとっても面倒ごとですが、副次効果としてそうしたトラブルも防げるかもしれません。

100名以下の会社なら2018年から新たな選択肢も

社員数はまだ少ないが、確定拠出年金制度を使って社員の老後資産形成を支援したい、というのであれば、２０１６年5月の法律改正で2つの選択肢が追加されました。**簡易型DC制度**（Ｐ２１６）と、**個人型DCへの小規模事業主掛金納付制度**（Ｐ２１７）です。２０１８年の実施が見込まれています（具体的な施行日は未定）。

簡易型ＤＣのねらいは、中小企業が単独型ＤＣを採用できるようにすることです。制度設計がシンプルなルールに制約されることと、従業員数が１００名以下に限られることが条件ですが、役所への提出書類が少なくてすむなど管理運営が単純なことから、制度運営費用も低く抑えられると考えられています。１００名以下の企業がＤＣ制度を単独で実施したい場合は有力な選択肢となるでしょう。

従業員数１００名以下の企業が考えてみたいもうひとつの選択肢は、社員に個人型確定拠出年金に加入してもらい、社員が出した掛金に会社も掛金を追加して納付する、いわば奨励金のような仕組みを活用するものです。「小規模事業主掛金納付制度」といいます。

本来であれば会社の退職給付制度ですから、会社が制度運営主体であるはずですが、中小企業においてはその実施が負担でありハードルです。社員には個人型確定拠出年金に入ってもらうため、事務コストも負担してもらうことになりますが、会社はそこに追加の掛金を入金してあげることで、擬似的な退職給付制度を運営できることになります。

確定給付企業年金や厚生年金基金がある場合、個人型確定拠出年金の掛金上限は月1万2000円、退職一時金や中退共制度を併用しているか、退職給付制度がない場合の個人型確定拠出年金の掛金上限は月2万3000円です。本人も掛金を出すわけですから、それほど大きい奨励金を出せるわけではありません。しかし、社員にとっては自分なりに老後の積立をすれば会社が追加負担をしてくれるのですから、大きなメリットになります。目の前に見える形での給付金として、社員のロイヤルティ向上も期待できるはずです。

どちらの制度も2017年1月現在ではまだ施行前であり、詳細が明らかになっていませんが、制度の導入にあたっては労使合意が必要であるとされています。おそらく、会社の掛金負担については何らかの客観的ルールを設ける必要があるでしょう（えこひいきなどが生じないように）。もしかすると、個人型確定拠出年金の未利用者にも給与等で奨励金相当額を支払うよう求められるかもしれません。詳しくは続報に注目してください。

確定拠出年金制度のおもしろいところは、会社が大きくなって企業型の確定拠出年金制度を創設した場合には、個人型で積み立ててきた資産を通算させてさらに積立を継続することが可能なことです。最初は個人型確定拠出年金へ奨励金のような形で積立を行い、企業が大きく成長したら単独型の確定拠出年金に移行するような選択肢も考えられるわけです。

2つの法改正はいずれも2018年6月までに施行されることとなっており、おそらく2018年に入ってからのスタートになると思われます。

あえて中退共からスタートするのもお得な選択肢

さて、ここまで本書をじっくり読み込んできた読者は「確定拠出年金だけでなく、ベンチャー企業にとって中退共もありうるのでは？」と思っているかもしれません。実はその考え方もアリです。

ベンチャー企業において確定拠出年金が有力な選択肢となる理由を説明しましたが、そのほとんどは中退共でもクリアできます。費用負担の面で述べた「数十年先にいきなり負担増になって苦しまない」という点については、中退共にきちんと掛金を出し続ければクリアできます。人事マネジメントの観点で指摘した「ポイント制退職金の長期管理は避ける」「モデル退職金は無理に設定しない」についても中退共で実行することが可能です（一般的には、中退共をベースに退職金制度の設計をする際、モデル退職金を示しますが、義務ではないのであえて示さなければよい）。

ただし「上場の際にも重荷にならない」については、中退共の規模のままでは上場できないでしょうから、上場が近づいてきたら中退共のまま、というわけにはいかないかもしれません（資本金と従業員数の両方で加入要件をオーバーする可能性が高い）。

ここでは少し、中小企業退職金共済制度の活用について考えてみましょう。

○中退共のメリットと活用方法

確定拠出年金ではなく、あえて中退共からスタートするメリットのひとつとして、事務コスト負担がないこと（国の制度であるため）と、次の２つの助成金制度の存在があげられます。

新規加入掛金助成……新規加入した場合に、加入後４カ月目から、１年間（12カ月）にわたって掛金月額の2分の1（ただし上限は5000円）を国が助成するもの。

月額変更（増額）助成……掛金月額が1万8000円以下である社員の掛金を増額したとき、増額分の3分の1を1年間（12カ月）にわたって国が助成するもの。

上手に使えば、実際の掛金額より少ないコストで制度を活用することができます。これは確定拠出年金や確定給付型の企業年金制度にはない独特のメリットです。**あえて取れるだけの助成金を取ってみるのも一つのやり方です。**

中退共の活用は、社員にとってもメリットがあります。中退共に積み立てた掛金については外部保全されたことになり、退職時に本人に直接渡りますので退職一時金をもらえない（特に企業の倒産時など）という心配もありません。

ただし、中退共の利用にもいくつかの注意点があります。中退共に毎月いくら積立を行うか最初にしっかり規定しておく必要があります。あまり複雑にする必要はないので、「新入社員5000円」「係長8000円」……のようなシンプルなテーブルを作ったり、「基本給のX％」となるよう賃金テーブルを作ったりします。たとえば5％なら、基本給16万円までは８０００円、16～20万円は１万円…といった表を作るイメージです。

また、管理をシンプルにしても事務手続きミスがあっては意味がありませんので、「年に一度、中退共の掛金変更の手続きをする」というような人事フローを定型化しておくといいでしょう。掛金額の変更手続きミスは意外と多いのです。昇給の時期と掛金額改定の時期をセットにしておくことが失敗をしないポイントです。

なお、中退共については掛金＋実際の運用実績にもとづく一定の利回り、というような計算式で給付額が決まります。つまり変動の可能性があります（原則としてマイナスはなし。年１％は約束するとしている）。**退職金**

図6-4 中退共を使うともらえる助成金

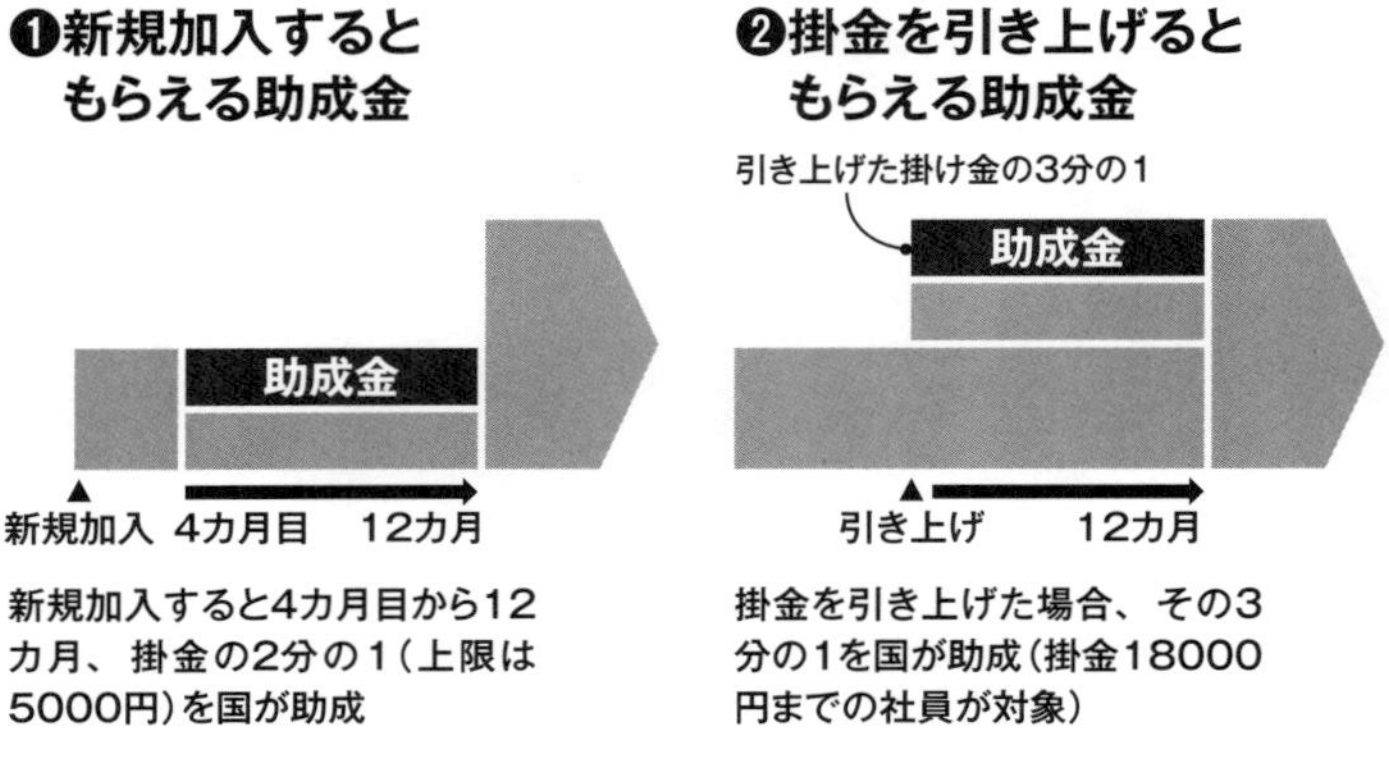

新規加入すると4カ月目から12カ月、掛金の2分の1（上限は5000円）を国が助成

掛金を引き上げた場合、その3分の1を国が助成（掛金18000円までの社員が対象）

規程等では「中退共に○○円を積み立てる」「中退共から退職時に支給された金額を退職金額とする」というように、中退共＝退職金としておくのがシンプルな設計になります。何度か紹介した内枠式の規定（先に退職金の計算式があり、中退共から支払われた額との差額を会社が現金で支払う規定のやりかた）にしてしまうと、中退共の運用が低迷したときに会社の差額補てんが拡大することになってしまうので避けましょう。

○中退共は将来確定拠出年金に移行できる便利さもある

中退共は中小企業を対象に用意されている制度ですから、資本金額も従業員数も基準を超えてしまった場合は中退共から脱退しなければなりません。

企業として、成長は喜ばしいことですが、退職給付の制度変更はちょっとやっかいな話です。このとき、今まで中退共に積み立ててきた資産がどうなるか確認しておきましょう。

企業が成長して中退共を出なければいけない場合、中退共は解約して社員にひとりひとりの持ち分を分配することができます。しかし、これは老後に使うべき資産をいきなり中途解約させてしまうようなもので、社員の将来を考えればあまりおすすめできません。

そこで、**確定給付企業年金もしくは確定拠出年金を新設し、そこに資産を移すことをおすすめします。**今までは確定給付企業年金だけが移行対象でしたが、２０１６年４月より確定拠出年金も選択できるようになりました。

本書では確定拠出年金を推しています。もともとひとりひとりの資産として明確に管理されていた中退共なのですから、同様に各自の持ち分が明確になっている確定拠出年金に移すほうが理に叶っていると思うからです。その後の運用リスク等の責任を負わない点でも、確定給付企業年金より確定拠出年金で資産を引き継ぐほうがメリットも大きいはずです。

中退共についての相談窓口は、かつては生命保険会社などでしたが、今では中退共の本部がホームページや直接相談できる窓口を設けています。不明な点があれば聞いてみるといいでしょう。もちろん確定拠出年金のビジネスを担う金融機関に確認することもできます。

企業が成長するときこそ、確定拠出年金であることが役に立つ

類書では紙幅を割くことが少ない、ベンチャー企業の退職給付制度新設について解説しました。

確定拠出年金制度を軸に検討してみることが、費用管理の面からも人事マネジメントの観点からも有効だと説明してきましたが、実はもうひとつ、確定拠出年金のいいところがあります。

それは、「採用時になんとなくフレッシュな企業イメージを持たれる」という点です。制度としてはすでに創設から15年を経過しているものの、確定拠出年金制度を採用している中小企業には進取の気風がある若いイメージがあります。

大学生や第二新卒の若い人材にアプローチをしたい場合に、退職給付制度の項目でもっともイメージがいいのは、やはり確定拠出年金です。退職給付制度の３つのＲ（Ｐ１４４）のうち、ひとつはリクルート機能でしたが、確定拠出年金制度を採用しておくと、新卒採

用で好印象につながるかもしれません。

また、企業が成長ドライブにのって規模を拡大したときもハンドリングしやすいのが確定拠出年金制度のメリットです。

上場を目指したい場合にも、確定拠出年金は管理しやすく債務問題からも免れます。あるいは大企業から注目されて買収、吸収合併されることになった場合も、確定拠出年金制度は過去の持ち分をそのまま個人ごとの財産として引き継げばいいだけです。社員を増やした場合でも、人件費がそのまま比例して増えるだけでシンプルです。

あるM&A担当者に話を聞いたところ、企業評価を詰めていく段階で気になる項目は退職給付制度だそうです。特に確定拠出年金制度を採用していることがわかると、企業価値の評価もやりやすくなり（本業のみで純粋に評価しやすい）、吸収した際にも、親会社の確定拠出年金制度のグループに属するだけでいいので人事制度変更の負担が少ないといいます。逆に困るのは、退職一時金や確定給付型の企業年金があるときで、その積立の水準を慎重に見極めないと、企業評価がガラリと変わることもあるそうです。

若い企業が退職給付制度のことを考えるなら、まず確定拠出年金制度から検討してみるべきです。きっと経営者としても納得できる制度設計が行えるはずです。

図6-5 確定拠出年金制度を軸にした制度のステップアップ

中退共をスタートにステップアップ

中退共 → 確定拠出年金（企業型）

- 最初は助成金をもらいつつ中退共でスタート
- 中小企業から脱したときに企業型確定拠出年金を実施

総合型の確定拠出年金をスタートにステップアップ

総合型確定拠出年金 → 単独型の確定拠出年金

- 最初はカスタマイズの余地は低いが運営コストの低い総合型確定拠出年金を活用
- 企業規模の拡大に伴い運営コストが逆転するタイミングで制度設計もオーダーメイド化

個人型確定拠出年金の奨励金からステップアップ

個人型確定拠出年金に奨励金 → 企業型確定拠出年金にステップアップ

- 社員に個人型確定拠出年金に加入させ、奨励金をつける形で実質的な退職金制度をスタート（2018年に制度スタート予定）
- その後企業型の確定拠出年金を検討する

おわりに

退職金・企業年金制度は従業員の老後の生活設計を考えれば、なくては困る存在です。定年退職を迎えたとき、会社の制度のありがたみに気がつき、多くの社員は感謝して辞めていきます。公的年金に加え、退職金・企業年金制度のあることで、老後のやりくりに一定のめどがたちますし、住宅ローンや教育ローンを返し終えていなかった人も返済を終わらせることができます。

しかし、その制度が「現役社員に知られていない」ということは人事制度政策上大きな問題だ、と常づね考えていました。人事部長向けの企業年金研修会などではそういったテーマを繰り返しお話ししてきたのですが、今回広く世に問うことができることになりうれしい限りです。

本書では、学問的分類、あるいは法律体系的分類はあえて無視し、企業の現場が捉える目線から制度を整理、解説してみました。この一冊だけで問題がすべて解決するわけではありませんが、創業間もないベンチャー社長、先代社長（父親）から譲り受けた会社を執道に乗せ始めた若手社長にとっては、本書が退職金・企業年金制度見直しの大きな手助けとなると自負しています。

本書を活用することにより、今まで意識の薄かった退職金・企業年金制度が経営者の有効な人事ツールに生まれ変わり、社員のやる気を引き出し、ひいては会社の経営も安定させ（もちろん会社を拡大させ！）ることができるようになれば、筆者としてこれ以上の喜びはありません。ぜひ本書を活用して新しい退職給付制度をデザインしてみてください。きっと社員に喜ばれることでしょう。

最後になりましたが、筆者を就職氷河期のさなかに企業年金研究所（現　日本生活設計）に採用してくれた村田純一社長と、本企画を粘り強く実現に結びつけてくれたダイヤモンド社の編集者木村香代さんに厚くお礼申し上げます。

［著者］
山崎俊輔（やまさき・しゅんすけ）
1995年株式会社企業年金研究所入社、2000年株式会社FP総研入社。FP総研退社後、独立。ファイナンシャル・プランナー（2級FP技能士、AFP）、1級DCプランナー（企業年金総合プランナー）、消費生活アドバイザー。
若いうちから老後に備える重要性を訴え、投資教育、金銭教育、企業年金知識、公的年金知識の啓発について執筆・講演を中心に活動を行っている。

企業年金コンサルタントとしても活動しており、特に確定拠出年金については、業界団体である企業年金連合会で首席調査役として企業担当者の研修担当や企業向けガイドブックの執筆を行うなど、国内有数の専門家であり、「人事労務」「月刊企業年金」「年金と経済」「日本年金学会会報」等専門記事の寄稿も多数。

現在、日経新聞電子版で『人生を変えるマネーハック』を連載中のほか、ダイヤモンドZAi、日経マネーなどのマネー誌、また読売新聞、東洋経済、プレジデント、日経WOMAN、女性セブン、週刊現代など一般誌のお金特集などにも多数執筆。

著者ウェブ　http://financialwisdom.jp　twitter: @yam_syun

小さな会社のための
新しい退職金・企業年金入門
会社の負担が減って、社員のやる気も出る仕組み

2017年1月26日　第1刷発行

著　者——山崎俊輔
発行所——ダイヤモンド社
〒150-8409　東京都渋谷区神宮前6-12-17
http://www.diamond.co.jp/
電話／03·5778·7234（編集）　03·5778·7240（販売）
装丁————萩原弦一郎（ISSHIKI）
イラスト——坂木浩子（ぽるか）
本文・DTP—大谷昌稔
製作進行——ダイヤモンド・グラフィック社
印刷————信毎書籍印刷（本文）・慶昌堂印刷（カバー）
製本————ブックアート
編集協力——黒澤彩
編集担当——木村香代

ISBN 978-4-478-10140-7